100 recettes pour vivre bien jusqu'à 100 ans

DU MÊME AUTEUR

Rajeunir par la technique Nadeau, éditions Quebecor, 1984

Rajeunir et rester jeune par la technique mentale, éditions de l'Époque, 1986

Colette Maher

100 recettes pour vivre bien jusqu'à 100 ans

PRIMEUR
SAND

Données de catalogage avant publication (Canada)

Maher, Colette

   Cent recettes pour vivre bien jusqu'à cent ans

  ` 2-89357-013-5

   1. Cuisine. 2. Régimes alimentaires. I. Titre.
II. Titre: 100 recettes pour vivre bien jusqu'à cent ans.

TX715.M33 1986   641.5'63   C86-096410-8

Maquette de la couverture: France Lafond

Photo de la couverture: Réflexion

Photocomposition et mise en pages: **lenmieux**

© Éditions Primeur/Sand, 1986

Dépôt légal:
4ᵉ trimestre 1986

ISBN 2-89357-013-5

Préface

Notre mère la terre est notre première pourvoyeuse et se passe bien des techniques modernes pour préserver la vitalité des aliments. Trop souvent, nos technologies détruisent la valeur nutritive réelle de nos aliments. Par contre, de plus en plus de gens éprouvent un besoin de respecter la nature et de tirer le maximum de vitalité des fruits de la terre. Si nous appelons notre mère, *mater*, ne donnons-nous pas aussi un nom identique, du moins phonétiquement au sol nourricier : ma terre ?

En parcourant les ouvrages de Colette Maher, vous sentirez la douce bienveillance d'une femme qui se consacre chaleureusement à l'épanouissement du corps humain en sensibilisant ses lecteurs et auditeurs aux vertus de l'activité intellectuelle, par des exercices mentaux; aux bienfaits de l'action musculaire, par les exercices de yoga et la technique Nadeau; à l'importance d'une bonne alimentation pour obtenir un sang énergisant pour nos tissus, par de précieuses informations sur les aliments et leur saine préparation. C'est à ce dernier aspect, capital, qu'elle s'attache dans le présent livre : 100 recettes pour vivre bien jusqu'à 100 ans.

Il me fait plaisir de constater chez elle une volonté agissant dans le même sens que la «mission santé» que je me suis fixée et il y a bien longtemps, tout en conservant les valeurs traditionnelles de la médecine qui se veut «panseuse» de plaies et «soulageuse» de souffrances. Mais il y a place pour la promotion de la santé en dehors de l'Église médicale, tout comme on peut avoir foi en la vie en dehors des sentiers dogmatiques. Cela en autant, bien sûr, que l'esprit d'amour et la recherche de l'harmonie permettent une liberté équilibrée à tous.

La Santé de chaque individu commence dans son assiette. Savoir comment ajouter à nos aliments ce petit supplément qui en accroît la valeur vitale, et comment les apprêter fournit une motivation à ceux qui veulent emprunter ce sentier. Je me plais à répéter pour que tous en deviennent conscients, que si le médecin d'aujourd'hui ne se fait pas nutritionniste, le nutritionniste de demain sera médecin. Hippocrate, le Père de la médecine, ne disait-il pas: «Faites de vos aliments vos remèdes et de vos remèdes vos aliments.» Après tout, nous devenons ce que nous mangeons.

Comme l'arbre tire sa vitalité du sol nourricier, nous tirons la nôtre de nos aliments. Si nous voulons être bien dans notre peau, il faut commencer par être bien dans notre assiette. Le livre de Colette Maher vous sera d'une grande aide dans votre entreprise de rajeunissement alimentaire.

Bonne lecture et bonne cuisine à tous. Et je souhaite que vous deveniez de grands lecteurs de la nature qui nous entoure, parce que votre vigueur et votre vitalité vous le permettront.

Luc Roland Albert, m.d.

Avant-propos

Mon intérêt pour la santé et la longévité n'est plus un secret pour personne. J'ai abordé ces thèmes dans mon livre *Rajeunir par la technique Nadeau*, la déjà célèbre technique d'exercices physiques doux, à la portée de tout le monde, et ensuite dans *Rajeunir et rester jeune par la technique mentale*, contenant des formules d'autosuggestion, de visualisation et des recettes de bonheur. Ces deux ouvrages ont reçu un accueil des plus chaleureux.

Je sentais toujours, néanmoins, qu'il manquait encore quelque chose pour couvrir tous les aspects de la science du rajeunissement. C'était, bien sûr, un livre sur l'alimentation.

Si Pascal et Hippocrate sont unanimes à affirmer que la longévité est étroitement liée à l'alimentation et que celle-ci est le principal facteur de vieillissement, je ne pourrais avoir accompli complètement ma tâche envers le public sans avoir touché à l'alimentation.

L'être humain, comme je l'ai déjà mentionné, est programmé biologiquement pour vivre 120 ans. Mais lorsqu'on sait qu'une mauvaise alimentation a une incidence directe sur le psychisme, qu'elle cause l'angoisse, la nervosité et la dépression, on se rend compte qu'on s'empoisonne à petites doses, ce qui ressemble à une sorte de suicide accepté par la société moderne.

Je n'ai pas hésité à consulter des spécialistes de la santé et de l'alimentation, pour m'aider à réaliser cet ouvrage, que je considère de la plus grande importance. Nous avons relevé nos manches et nous avons fait les recherches appropriées.

Dans cet ouvrage, je ne me contente pas de vous livrer des théories et des conseils pratiques; je vous offre également des recettes très soigneusement préparées, et qui, je l'espère, vous plairont beaucoup.

Les bonnes habitudes alimentaires sont étrangères à notre société moderne, et j'admets que l'habitude est plus forte que la nature. Rappelez-vous toutefois que seulement 3% des décès sont dus à la vieillesse. Prenez-vous donc tout de suite en main, faites-vous une seconde nature, et commencez tout d'abord par ne plus manger copieusement.

La maladie, après tout, est le résultat d'un manque ou d'une surabondance dans l'organisme. En fournissant à votre corps tous les éléments nutritifs dont il a besoin et en lui évitant l'intoxication par la suralimentation, vous pourrez, sauf en de rares cas, vaincre la maladie.

Lisez donc très attentivement ce livre que vous avez pris la peine de vous procurer. Il a été préparé à votre intention avec le plus grand soin. Ne manquez pas de pratiquer aussi la technique Nadeau et les techniques mentales. Je vous souhaite de vivre jusqu'à 100 ans et plus, et en très bonne santé.

Introduction

Pourquoi ne vit-on pas jusqu'à 100 ans?

Depuis que le monde existe, les hommes ont voulu éliminer la vieillesse ou tout au moins en retarder l'inévitable arrivée. Au cours des siècles, d'innombrables moyens ont été proposés. Des potions magiques des tribus primitives aux élixirs miracles d'une douteuse pharmacopée moderne, tout a été essayé. Et rien n'est resté, serait-on tenté d'ajouter. Car, en général, les résultats demeurent fort piètres et bien en deçà des attentes.

Les centenaires demeurent rares et sont presque des objets de curiosité. Pourtant presque tout le monde rêve plus ou moins secrètement d'atteindre cet âge vénérable, surtout si la santé est préservée. À quoi bon, en effet, vivre centenaire si c'est pour prolonger la souffrance ainsi que souvent l'humiliation d'une décrépitude depuis trop longtemps amorcée?

Les individus qui vivent jusqu'à un âge avancé paraissent défier les lois de la nature. Ce fut le cas, entre autres, de nombreuses célébrités. Picasso, par exemple, vécut jusqu'à 92 ans, et la veille de sa mort, il peignit pendant huit heures, comme il le faisait tous les jours. Pablo Casals, le célèbre violoncelliste, donna son dernier coup d'archet à 96 ans, tandis que le pianiste Arthur Rubinstein exerça son charme jusqu'à l'âge de 95 ans, quoiqu'il eût renoncé depuis quelques années à donner des concerts.

Certains peuples sont réputés pour leur longévité exceptionnelle. C'est le cas, par exemple, des Bulgares, qui comptent dans leur population plus de 1 666 nonagénaires par million d'habitants. Peut-être ce chiffre ne signifie-t-il rien de prime abord, mais il prend tout son sens si on ajoute qu'en Occident on ne compte que neuf individus sur un million qui franchissent le cap honorable des 90 ans. C'est-à-dire qu'il y a 185 fois moins de nonagénaires en Occident qu'en Bulgarie.

Il existe un peuble encore plus étonnant que les Bulgares. Il s'agit des Hunzas, un petit peuple qui vit au nord de l'Inde. De tous les peuples de la terre, c'est celui qui compte le plus grand nombre de centenaires. Plusieurs d'entre eux vivent jusqu'à 125 ans. Il y en a même qui atteignent l'âge incroyable de 145 ans. C'est un audacieux médecin et aventurier écossais, le docteur MacCarrisson, qui fit connaître les Hunzas aux Occidentaux. Entre les deux grandes guerres, il séjourna sept ans parmi les Hunzas. Le nombre extraordinairement élevé de centenaires chez ce petit peuble qui vit en vase clos ne manqua pas d'étonner le médecin écossais, qui voulut percer le mystère de cette si inhabituelle longévité. Le plus étonnant est que ces centenaires paraissaient jouir d'une santé exceptionnelle. En effet, MacCarrisson se rendit compte que les Hunzas n'étaient pour ainsi dire jamais malades et n'avaient aucunement besoin des soins d'un médecin. Aucun ne paraissait souffrir des maladies dites dégénératives qui affligent si communément les Occidentaux. En effet, pas de maladies cardiaques ou respiratoires, pas de cancer, pas d'ulcères d'estomac, pas de rhumatismes, pas de varices, de constipation ou de migraines.

Les Hunzas paraissaient miraculeusement à l'abri des maladies dites de civilisation, et MacCarrisson soupçonna bientôt qu'ils le devaient à une mystérieuse propriété de leur nourriture. Son hypothèse se trouva rapidement confirmée. Il soumit trois groupes de rats à une exérience fort simple. Le premier fut nourri avec les aliments des Hunzas, le second avec une nourriture indienne, et le dernier avec un régime de type anglais, donc proche du nôtre. Les résultats stupéfièrent le médecin. Le premier groupe maintint une santé florissante. Le second fut bientôt affligé de maux divers. Quand aux rats du troisième groupe, ils devinrent bientôt neurasthéniques et divers désordres physiologiques graves comprimirent bientôt leur santé.

Le médecin écossais comprit donc que le mystérieux secret des Hunzas résidait dans leur alimentation. Quelles sont les caractéristiques de cette alimentation ?

Elles sont simples et, en fait, coïncident de manière troublante avec les conclusions des diététiciens modernes. Alimentation frugale, en grande partie végétarienne, où la viande n'est consommée qu'en très petite quantité. Les Hunzas ne prennent que deux repas par jour, soit le midi et le soir. Et ils se lèvent à cinq heures du matin. Ils mangent leurs fruits et leurs légumes presque toujours frais, sans aucune cuisson. Doit-on penser qu'une alimentation si légère les condamne à ce type de vie méditative qui est si répandue en Inde ? Bien au contraire. Ils se livrent quotidiennement à de rudes travaux physiques, et ce jusqu'à un âge avancé. Ils marchent beaucoup, parfois plus de 20 kilomètres en une seule journée. Et ils ne sont pas faibles pour autant. En fait, leur mode de vie surprenant fit comprendre au docteur MacCarrisson une vérité que nous ne cessons de répéter de nos jours : nous sommes tous suralimentés. De là viennent les si nombreuses maladies qui nous affligent et nous font vieillir si vite. Non seulement nous mangeons trop, mais nous absorbons sans discernement des aliments qui regorgent de produits chimiques extrêmement nocifs. Des aliments qui, à force d'être raffinés, finissent par perdre toute leur valeur nutritive. Le meilleur exemple de cela est sans doute le pain blanc que nous consommons quotidiennement. À l'opposé, les Hunzas consomment quotidiennement — c'est même la base de leur alimentation — un pain fort spécial, nommé le chapatti.

Il s'agit d'un pain fait avec de la farine de blé non raffinée. Les Hunzas préfèrent se priver de manger plutôt que de consommer le pain des Occidentaux. Ceux qui veulent goûter à ce pain trouveront à la fin de cet ouvrage la recette du chapatti. Ceux qui n'ont pas envie de le préparer peuvent quand même commencer dès aujourd'hui à manger un pain fait d'une farine plus naturelle.

L'homme est programmé biologiquement pour vivre jusqu'à 120 ans

La longévité des Hunzas est exceptionnelle. À nos yeux d'Occidentaux, elle semble relever du prodige. Pourtant, ses causes n'ont vraiment rien de mystérieux, comme a pu le démontrer l'audacieux médecin écossais. De même que les aliments peuvent rendre malade et faire vieillir prématurément en usant l'organisme, ils peuvent guérir et, du même coup, prolonger la vie. Aussi ne doit-on pas s'étonner du cas des Hunzas, ni de celui de nos concitoyens qui franchissent le cap des 100 ans. Car les études scientifiques les plus récentes et les plus dignes de foi en arrivent presque toutes à la même conclusion : l'homme est programmé biologiquement pour vivre jusqu'à 120 ans.

L'auteur du passionnant ouvrage *Votre santé*, H. Muller, explique que seulement 3 % des décès sont dus à la vieillesse.

Voilà qui a de quoi surprendre. Et voilà qui, en même temps, constitue une source d'espoir. Si les gens ne meurent généralement pas de vieillesse, qu'est-ce donc qui les emporte, en général si prématurément ?

L'origine secrète de la vieillesse prématurée

Bien sûr, il y a les morts accidentelles. Mais, hormis celles-là, pourquoi meurt-on si jeune? Cela peut paraître un pléonasme, mais on meurt parce qu'on n'est pas en santé. Un corps en santé — véritablement en santé : nous verrons plus loin ce que c'est — veillit beaucoup plus lentement car il s'use moins vite. Malheureusement, dans notre monde moderne, la santé véritable est devenue fort rare. En fait, nous avons de la santé une conception négative. Pour la plupart des gens, être en santé consiste tout simplement à ne pas être malade. De plus, cette absence de maladie s'accommode fort bien de petits malaises persistants, comme des aigreurs d'estomac, des maux de dos, des migraines, une certaine fatigue continuelle.

Ces petits malaises, ces maladies chroniques qu'on supporte avec plus ou moins de résignation sont la plupart du temps le prélude de maladies beaucoup plus graves : les maladies dites dégénératives, au nombre desquelles figurent les maladies cardio-vasculaires et les différentes formes de cancer, qui, à elles seules, sont responsables de la plupart des décès de nos contemporains.

D'où viennent les maladies dégénératives?

Dans *La Constipation vaincue*, Raymond Dextreit fait l'affirmation liminaire suivante : «La plupart des maladies n'ont pas d'autres points de départ que la constipation.» Et il explique : «L'accumulation des matières dans le côlon entretient un milieu malsain, propice à toutes les corruptions. Les putréfactions intestinales gagnent les humeurs, qu'elles souillent, et les organes voisins, qu'elles dégradent.»

Ensuite l'auteur brosse un tableau des conséquences de la constipation : «Quand sévit la constipation, il ne faut pas s'étonner de l'apparition et de la persistance de névralgies, migraines, dépressions, angoisses, anémie, amaigrissement, hémorroïdes, fissures anales dues à la dureté des selles, nausées, brûlures du tube digestif, vertiges, aigreurs, palpitations, insomnies, cauchemars, parasitose, urticaire, ballonnements, coliques, flatulences, haleine fétide. »

Le chercheur Metchnikoff affirme également, confirmant la thèse de Dextreit, que le principal facteur de vieillissement provient de l'intoxication intestinale. S'il faut tenir compte de cette affirmation et ne pas faire l'erreur de la prendre à la légère, c'est qu'intoxication intestinale ne signifie pas nécessairement constipation, du moins pas au sens courant. En effet, beaucoup de gens croient, à tort, ne pas souffrir de troubles d'élimination. C'est qu'il y a en fait deux types de constipation. La constipation apparente, celle qu'on entend au sens courant, qui est caractérisée par la rareté des selles, l'évacuation ne se produisant qu'une fois tous les deux, trois, cinq jours, et parfois plus rarement encore.

Mais il existe une autre forme de constipation, voilée pourrait-on dire, et d'autant plus pernicieuse que peu de gens l'identifient ou s'en soucient. Ce n'est pas la fréquence de l'évacuation qui est ici mise en cause, mais la quantité. Les selles sont en effet nettement insuffisantes, et tous les éléments qui devraient être expulsés ne le sont pas. L'intoxication, moindre que dans le premier cas, est néanmoins constante et très dommageable. Une cure de jus ou un jeûne bref montre souvent qu'une grande quantité de déchets restent présents dans l'intestin malgré une évacuation en apparence normale. Les selles continuent en effet d'être abondantes et solides même après plusieurs jours de jeûne ou de diète liquide.

L'origine secrète du cancer

Beaucoup de spécialistes sont actuellement portés à croire que le cancer serait entièrement ou partiellement attribuable à la constipation. Dans *La Thérapeutique interne du cancer et l'alimentation du cancéreux,* W. Zabel en arrive à cette conclusion. Le lien entre le cancer et les troubles intestinaux (ces derniers étant, à ses yeux, attribuables à l'alimentation et nommément à une consommation abusive d'aliments carnés) est, à son avis, très étroit. En fait, il affirme sans ambages qu'à toutes fins utiles tous les cancéreux sont victimes de troubles intestinaux. Et qu'on ne se méprenne pas : tout porte à croire que ce n'est pas le cancer qui engendre les troubles intestinaux, mais bien l'inverse.

Sans doute existe-t-il d'autres facteurs de l'éclosion de cette terrible maladie qu'est le cancer. La science moderne, de concert en cela avec la sagesse antique, soutient que le psychisme n'est probablement pas étranger à la genèse des cancers. Dans bien des cas, il s'agirait d'une volonté plus ou moins inconsciente de se punir ou tout simplement de se supprimer. L'inconscient profond du sujet agit en conséquence, se soumet à l'ordre qu'on lui a transmis, en déclenchant cette prolifération anormale de cellules qui attaquent les tissus sains.

Si le psychisme a sans doute une influence sur la genèse du cancer, on oublie par ailleurs souvent de mentionner qu'une mauvaise alimentation a une incidence directe sur le psychisme. Souvenez-vous de ces rats devenus neurasthéniques après avoir été soumis au régime alimentaire anglais.

De toute façon, vous n'avez qu'à penser à l'état dans lequel vous vous trouvez avant une indigestion. Angoisse. Nervosité. Détresse. Il s'agit évidemment d'un cas extrême mais il est, par le fait même, instructif. L'empoisonnement à petites doses auquel les contemporains soumettent leur organisme a forcément un effet similaire, même s'il est moins apparent. En fait, notre alimentation ressemble beaucoup à une sorte de suicide quotidien plus ou moins conscient et accepté. Pasteur a démontré que tout était question de «terrain». Il n'y a pas de génération spontanée. La maladie n'arrive pas comme par magie. Le «terrain» a été préparé par un lent mais sûr affaiblissement des organes, par la fermentation qui engendre des bactéries de plus en plus nombreuses dans l'intestin puis dans le sang.

La boucle du vieillissement est bouclée

«Les maladies ne tombent pas du ciel, disait Hippocrate, le père de la médecine. Elles se développent par suite des péchés journaliers contre la nourriture. Quand ils se multiplient, elles se manifestent tout d'un coup.» La constipation ne fait pas exception. Elle provient essentiellement d'une mauvaise alimentation, c'est-à-dire une alimentation trop abondante, artificielle et carnée.

La boucle du vieillissement est maintenant bouclée. Il n'y a plus de mystère. Et la longévité prodigieuse d'un peuple comme les Hunzas n'a plus rien de mystérieux. Elle s'explique. Elle est simple comme une équation à une inconnue, dont vous connaissez précisément l'inconnue : l'alimentation.

Le circuit de la vieillesse devrait maintenant vous apparaître clairement. Vous commencez par vous alimenter de manière incorrecte. Cette mauvaise alimentation engendre une constipation apparente ou larvée. Cette constipation donne lieu à une intoxication intestinale qui, à son tour, se traduit par les diverses maladies dites dégénératives. Et au lieu de mourir de vieillesse, comme 97% des gens ou presque, vous mourrez de l'une ou l'autre de ces maladies de civilisation, si ce n'est d'une généreuse combinaison de plusieurs...

En résumé, le circuit est le suivant.

MAUVAISE ALIMENTATION → CONSTIPATION →
INTOXICATION INTESTINALE →
MALADIE DÉGÉNÉRATIVE →
VIEILLISSEMENT PRÉMATURÉ OU MORT

Ce cycle est forcé. Si vous vous alimentez mal, le reste suit nécessairement. Il s'agit, en fait, d'une réaction en chaîne. La seule consolation est qu'il n'en tient qu'à vous de briser ce circuit mortel. Nous vous expliquerons comment. Tout ce qu'il vous faudra, c'est un peu de volonté. Mais la connaissance de ce circuit mortel vous aidera déjà beaucoup à vous discipliner, à renforcer une volonté qui jusque-là avait peut-être été vacillante.

Comment devenir votre propre médecin

«En Chine, on souscrit un abonnement auprès de son médecin, mais on cesse de l'honorer quand on est malade. Le médecin a ainsi tout intérêt à ce que ses clients soient bien portants.»

Profonde est la sagesse chinoise. Mais l'idéal est de pouvoir se passer entièrement de médecin, donc de pratiquer la médecine préventive, comme le font les médecins chinois. Vous pouvez devenir pour vous-même le meilleur médecin. Et la meilleure manière de devenir pour vous-même un bon médecin est d'apprendre à bien vous alimenter.

Euripide a dit de l'amour : «La plus grande douceur, la plus grande douleur.» On peut dire strictement la même chose des aliments. Ce sont eux qui peuvent vous procurer la grande douceur de vivre, et la grande douleur de vieillir prématurément. Les remèdes peuvent être à la fois un remède et un poison.

Les enfants et les animaux ne mangent pas lorsqu'ils sont malades. Et, en général, ils ne mangent pas lorsqu'ils n'ont pas faim. C'est qu'ils ont conservé leur instinct, qui leur dicte admirablement la conduite à suivre pour rétablir l'équilibre naturel rompu. L'adulte civilisé a, la plupart du temps, perdu le contact avec cette sagesse instinctive. Il mange à tort et à travers, même s'il est malade — et l'on sait que le jeûne est un des meilleurs remèdes naturels — ou s'il n'a pas faim. Il mange par habitude, par gourmandise, pour tromper l'ennui ou la névrose. À défaut de pouvoir retrouver la sagesse de cet instinct perdu, l'homme, si tant est qu'il veuille mettre fin à cette anarchie alimentaire qui le mine, doit se livrer à une véritable rééducation. Cette rééducation est très simple à effectuer. Quand vous connaîtrez les principes d'une alimentation rajeunissante, vous aurez accompli le premier pas. Mais, il ne suffit pas de connaîre les principes, il faut aussi les mettre en pratique.

Au début, ce ne sera pas toujours facile. Il y aura des résistances, car il y a des années que vous mangez mal, et la force de l'habitude est grande. Ne dit-on pas que l'habitude est une seconde nature? Pourtant, malgré leur force et leur emprise, toutes les habitudes peuvent se changer. Il s'agit tout simplement d'en remplacer une mauvaise par une bonne.

Imprégnez-vous de l'idée que la mauvaise alimentation est la cause véritable du vieillissement, et que, si vous voulez être bien dans votre assiette jusqu'à 100 ans, il faut commencer par bien manger. Et faites un choix. Choisissez de vivre plus vieux et en santé.

Bien sûr, au début, la prise de conscience, aussi aiguë soit-elle, ne suffit pas toujours à faire passer à l'action. On a l'impression que l'on sacrifie quelque chose : ce que l'on appelle communément les bonnes choses de la vie. Le mieux est donc d'y aller progressivement. Essayez quelques-unes des recettes de cet ouvrage. Et essayez de mettre en pratique les principes que nous édictons. Vous verrez que les effets se feront sentir très rapidement; en fait, dès le premier jour.

Vous vous sentirez plus léger, autant physiquement que moralement. Vos idées seront plus claires, vos sensations se raffineront. Vous vous sentirez une plus grande énergie nerveuse et musculaire.

Ces premiers effets bénéfiques vous encourageront à continuer.

Évidemment, il y aura des rechutes. À certaines occasions, lors de fêtes, par exemple, vous vous laisserez aller. Ce n'est pas grave. Il ne s'agit pas d'être fanatique. Avec le temps, vous vous métamorphoserez.

Bien manger deviendra chez vous une seconde nature. L'homme nouveau naîtra en vous. L'homme ancien, avec ses mauvaises habitudes et son ignorance, s'estompera peu à peu. Vous connaîtrez une véritable renaissance. Vous n'aurez plus envie de vous livrer à vos excès anciens, dus à votre ignorance des lois de la longévité.

Peut-être, au début, rencontrerez-vous certains problèmes en société. Pour faire honneur à la table de son hôte, on a toujours l'impression qu'il faut manger copieusement. Devant votre frugalité nouvelle, on vous posera peut-être des questions. Si vous dites que vous voulez une petite portion, on s'empressera de vous demander si vous n'êtes pas dans votre assiette? À moins qu'on ne vous demande si vous êtes à la diète. Si vous répondez, dans un cas comme dans l'autre, par la négative, les gens ne manqueront pas de s'étonner, ce qui ne fera que prouver à quel point les bonnes habitudes alimentaires sont étrangères à la plupart des gens. Car, en fait, si vous mangez frugalement, ce n'est pas parce que vous ne vous sentez pas bien, mais précisément parce que vous voulez continuer à vous sentir bien.

Mais ne vous en faites surtout pas, car les gens s'habitueront. Et bientôt on admirera votre frugalité et votre discipline, et votre bonne mine, et votre élégance.

Et tout cela ne sera rien en comparaison des plaisirs discrets que vous tirerez de votre nouveau régime. Vous deviendrez enfin un véritable bon vivant. Vos sens émoussés retrouveront leur sensibilité. Vous deviendrez un véritable hédoniste, qui sait apprécier sainement les joies de la vie. Votre palais retrouvera sa sensibilité originelle. Un simple jus de tomate pourra devenir aussi exquis que le plus fin des champagnes. Une salade deviendra une véritable symphonie gustative. Lorsque vous connaîtrez ces premiers ravissements alimentaires, qui viennent assez tôt, vous pourrez aisément persévérer. Vous ne voudrez plus reculer.

Mettez fin dès aujourd'hui à votre suicide alimentaire

N'attendez pas qu'il soit trop tard, que les dommages soient quasi irréparables. Adonnez-vous dès aujourd'hui à la médecine la plus naturelle et la plus ancienne qui soit. Mettez fin à votre suicide alimentaire. Abandonnez vos vieilles habitudes qui vous tuent à petit feu. Heureusement, les 100 recettes que nous avons sélectionnées pour vous sont délicieuses, et il y en a pour tous les goûts. Elles ont l'avantage d'être naturelles et saines. Elles vous permettront de conserver ou de retrouver votre santé et d'être bien dans votre assiette jusqu'à 100 ans!

Avant de passer aux recettes proprement dites, voici un résumé des conseils de base que vous devez suivre pour faire vous-même votre petite révolution alimentaire, et, pourquoi pas, celle de tous ceux que vous aimez...

Conseils pratiques pour manger juste et augmenter votre longévité

- Limitez votre consommation d'oeufs. Prenez de 1 à 3 oeufs par semaine (trop de cholestérol dans le jaune).

- Limitez votre consommation de lait. Prenez ½ pinte (½ litre) par jour (trop de matières grasses). Consommez du lait écrémé.

- Limitez votre consommation de beurre. N'oubliez pas que le lait et les fromages contiennent également du beurre. Prenez de la margarine réduite en calories.

- Salez peu vos aliments. Si vous le faites, utilisez du sel marin.

- Mangez peu de viande; une portion de 3 à 4 onces (de 85 à 115 g) 3 à 4 fois par semaine constitue un apport suffisant de protéines animales. Consommez exclusivement des viandes et des poissons maigres. Préférez le poulet, la dinde, le veau au boeuf, à l'agneau, au porc ou au jambon. Laissez tomber les charcuteries, les saucisses, les salamis, etc.

- Limitez votre consommation de sucre. Utilisez du miel, et, dans vos desserts cuisinés, incorporez-le seulement après la cuisson.

- Débutez vos repas par des crudités et prenez-en en trompe-la-faim entre les repas. Ayez-en toujours de préparés (céleri, carottes, etc.) dans votre réfrigérateur.

- Consommez exclusivement des fromages maigres. Trente pour cent de matières grasses tout au plus (camembert à 20%, mozzarella, Ricotta, Port-Salut, fromage cottage, tomme de Savoie). Ils contiennent moins de matières grasses mais passablement de protéines.

- Incorporez dans votre alimentation des aliments riches en fibres et des aliments riches en fer. Vous trouverez, dans les pages qui suivent, des listes d'aliments de ces deux catégories.

- Assaisonnez avec des herbes aromatiques fraîches ou séchées. Vous trouverez, dans les pages qui suivent, une liste des herbes avec leurs propriétés curatives.

- Mangez en grande quantité des légumes crus et légèrement cuits. Vous trouverez, dans les pages qui suivent, une liste de légumes avec leurs propriétés curatives.

- Mangez des fruits frais. Ils contiennent du sucre naturel et ont souvent des propriétés laxatives. Vous trouverez, dans les pages qui suivent, une liste de fruits avec leurs propriétés curatives.

- Mangez des aliments riches et complets (riz complet, farine non blanchie, pain de blé entier, etc.).

- Évitez les aliments en conserve, à cause des additifs chimiques. Préférez-leur des aliments frais ou congelés.

- Limitez votre consommation d'alcool. Rappelez-vous : «La modération a bien meilleur goût!»

- Remplacez les bonbons par des fruits secs ou des fruits frais.
- Mangez bien le matin et le midi. Diminuez les quantités le soir. Votre digestion est plus difficile après une journée fatigante. Ménagez votre organisme.
- Mastiquez lentement. Cela aussi favorise une bonne digestion.
- Variez la composition de vos menus afin d'apporter à votre organisme tout ce dont il a besoin en éléments nutritifs.
- Ne grignotez pas entre les repas. Prenez des infusions et de l'eau. Buvez au moins 8 verres d'eau par jour.
- Sortez toujours de table avec une petite faim.

Les propriétés curatives des légumes

L'oignon est un bon diurétique. Il favorise la transpiration; c'est un excellent stimulant et il possède des propriétés antirhumatismales, vermifuges et anti-infectieuses.

Le chou est le plus vieux des légumes; il existe depuis 40 siècles. Il est excellent contre les cirrhoses (dues à l'alcoolisme), les maladies intestinales, l'anémie, la goutte et l'arthrite.

La carotte est recommandée pour une meilleure croissance; elle fortifie les yeux et lutte contre l'anémie. Sa teneur en vitamines et en sels minéraux est grande.

Le céleri est un dépuratif; il favorise l'élimination. Il est indiqué dans les cas de goutte, de rhumatisme et de diabète. C'est aussi un tonique pour les nerfs et on lui prête des vertus aphrodisiaques.

Le radis	stimule l'appétit. Il est recommandé en cas d'anémie. Il n'est pas indiqué pour les estomacs délicats.
L'asperge	a une valeur apéritive, laxative et digestive à la fois. Elle est bénéfique pour l'insuffisance hépatique et le diabète. Elle est recommandée aux intellectuels quand il sont appelés à fournir un effort important. Les insomniaques et les nerveux devraient s'abstenir de prendre des asperges au repas du soir. Elles sont interdites en cas de maladies des voies urinaires et de la prostate.
Le poivron	est un légume riche en vitamine F (qui fortifie les vaisseaux) et en vitamine K (anti-hémorragique).
Le maïs	est un aliment complet. Il est riche en vitamines et en sels minéraux.
Le cresson	est très riche en vitamine C, en sels minéraux, en oligo-éléments, en iode. C'est un excellent dépuratif. Il est recommandé pour toutes les affections pulmonaircs et les angines.
La laitue	possède des vertus calmantes et sédatives. Elle est riche en vitamine E.
Le concombre	est un excellent diurétique. Il dissout les matières grasses et l'acide urique.
L'artichaut	combat l'urée, le cholestérol, les infections intestinales, l'arthrite. C'est un bon diurétique et un bon dépuratif. Il combat efficacement les troubles du foie et aussi les rhumatismes.
La pomme de terre	contient beaucoup de sels minéraux. Elle est riche en potassium et en magnésium.

Elle contient également de la vitamine C. Elle est indiquée pour ceux qui souffrent d'arthrite, de rhumatismes et de la goutte.

Les pois sont riches en vitamines A, B, C, E, K. Ils contiennent du fer, du potassium et du phosphore. Ils favorisent l'évacuation intestinale.

Les champignons sont relativement riches en vitamines et en sels minéraux. Ils contiennent des protéines végétales. Ce légume est un stimulant organique et cérébral. C'est également un bon laxatif.

La betterave contient des vitamines A, B, C et des sels minéraux. Elle a des effets vivifiants et reminéralisants.

L'avocat est très énergétique. Il contient du potassium, des vitamines A et B. Il est cependant hautement calorique.

Le navet est riche en sels minéraux et en vitamines. Il est indiqué en cas de bronchite, d'angine et de goutte.

La tomate est acide, il est vrai (mangez-la crue plutôt que cuite !). Mais sa richesse en vitamines et en sels minéraux lui confère le pouvoir de lutter efficacement contre l'acidité stomacale, la constipation, l'urée, la goutte et l'arthrite.

Les épinards sont très riches en chlorophylle, en vitamines et en sels minéraux. Ils sont un revitalisant. Ils sont recommandés à tous ceux qui souffrent du foie ou de l'estomac. Ils sont contre-indiqués pour les rhumatisants et les goutteux, à cause de l'acide oxalique qu'ils contiennent.

28

Le poireau	est un diurétique, un laxatif et un tonique pour les nerfs. Il contient des vitamines du groupe B et des sels minéraux.
L'aubergine	est riche en potassium. Elle possède des propriétés diurétiques et laxatives. Elle est vivement déconseillée aux malades des reins. Elle doit être consommée bien mûre, car, avant maturité, elle contient une substance toxique appelée solanine.

Les propriétés curatives des fruits

La rhubarbe	est un purgatif puissant. Elle combat les diarrhées bilieuses.
La fraise et la framboise	sont très riches en vitamines. Elles contiennent du fer et du phosphore tonique et reminéralisant. Elles sont indiquées pour les anémiques, les convalescents et les vieillards. *Les fraises* ont des qualités dépuratives. Elles sont recommandées aux hépatiques, aux arthritiques et aux rhumatisants.
La pomme	est riche en vitamines. Elle possède des vertus calmantes et lutte contre les migraines et les insomnies. Elle nettoie la bouche et désinfecte les dents.
La cerise	est pauvre en calories. Elle est permise aux diabétiques. C'est un très bon dépuratif.
La pêche, l'abricot et la poire	sont très riches en vitamines. *La pêche* est diurétique et laxative. *L'abricot* est nutritif, riche en vitamine A, en fer

et en calcium. *La poire* est dépurative et reminéralisante.

La prune stimule le système nerveux. Son action laxative est bien connue.

Le raisin est l'aliment complet du monde végétal. Il est recommandé aux personnes ayant un excès de cholestérol ou atteintes des maladies du coeur. Il est excellent pour le bon fonctionnement du foie.

La banane est très énergétique. Elle apporte des vitamines A, B, C, E. Elle contient du phosphore, du magnésium, du fer et du zinc. Elle est digeste si elle est consommée bien mûre.

L'orange, la mandarine, le citron et le pamplemousse sont d'excellentes sources de vitamine C. Ils nettoient les graisses. *L'orange* contient des vitamines A et B et de nombreux sels minéraux. C'est un anti-infectieux et un laxatif efficace.

La mandarine est comparable à l'orange mais contient moins de sels minéraux et de vitamine C. En revanche, elle contient plus de brome, qui est un calmant du système nerveux. Elle facilite le sommeil, donc peut être consommée le soir, ce qui n'est pas le cas de l'orange.

Le citron a des vertus antirhumatismales et antigoutteuses. Il agit contre les migraines. C'est un puissant bactéricide et antiseptique.

Le pamplemousse est très peu calorique. C'est un draineur hépatique. Il stimule l'appétit, si consommé avant le repas.

Le melon	est un laxatif et un diurétique. Il est assez peu calorique et contient de la vitamine A.
La figue fraîche	est riche en sels minéraux et contient des vitamines A, B1, B2, B3, C. Elle est laxative et antianémique.
La datte	est très nutritive et très énergétique. Elle contient beaucoup de sels minéraux et est laxative et antianémique.
L'ananas	est nourrissant et savoureux. Mûr, il contient des vitamines A, C, D, et des sels minéraux. Son apport en iode est important. C'est un désintoxicant et un diurétique. Il facilite la digestion des protéines.

Les propriétés curatives des herbes aromatiques

L'ail	est un fortifiant, un laxatif, un diurétique et un antibiotique. N.B. Pour en faire disparaître l'odeur : mâchez un brin de persil ou croquez des grains de café.
Le persil	est très riche en vitamines A et C et en sels minéraux. Il a des qualités stimulantes. Il est recommandé contre la jaunisse, les maladies du foie, la cellulite, la goutte et les rhumatismes.
Le thym	est l'«antibiotique du pauvre». Il est recommandé contre les rhumatismes et l'arthrite.

Le romarin est antirhumatismal. Il est indiqué contre les défaillances du foie. Il est recommandé contre les troubles nerveux et respiratoires.

La sauge possède des vertus antiseptiques. Elle calme la toux et combat les douleurs d'estomac. Elle est tonique et stimulante.

La sarriette a des propriétés digestives et aphrodisiaques.

Le laurier a des vertus stimulantes et digestives.

Le basilic est excellent pour le système nerveux. Il facilite la digestion et protège des spasmes d'estomac et des infections intestinales.

L'estragon est excellent contre les maux d'estomac. C'est un régulateur de l'aérophagie, de la flatulence et des pigmentations.

La marjolaine (origan) combat la nervosité et les troubles de la digestion. C'est un puissant calmant.

La menthe est un puissant antiseptique. Il vaut mieux ne pas la consommer le soir car elle stimule. Elle possède des qualités anesthésiques. Elle soigne les maux de gorge. Elle facilite la digestion et on prétend qu'elle est aphrodisiaque.

Le fenouil est un laxatif et il contient des agents qui enrayent la flatulence. Il est riche en vitamines A et B, mais relativement pauvre en sels minéraux.

Les aliments à haute teneur en fibres

- Tous les légumes secs, et en particulier les haricots secs, les pois cassés et les pois chiches.
- Son.
- Céréales de blé entier et autres produits à grains entiers : seigle, avoine, sarrasin, farine de maïs; pain, pâtes alimentaires, pizza, crêpes et muffins à base de farine à grains entiers.
- Noix, surtout les amandes, les noix du Brésil, les cacahuètes et les noisettes. (Consommez-les en petite quantité, car elles contiennent beaucoup de matières grasses.)
- Noix de coco (également riche en matières grasses).
- Abricots secs, figues, pruneaux.
- Dattes, raisins secs.
- Fèves de Lima, fraîches ou congelées.
- Pois verts, frais ou congelés.
- Légumes verts (surtout les épinards, les artichauts, les poireaux, les feuilles de betterave).
- Maïs.
- Pommes de terre cuites au four ou bouillies, avec la peau.
- Brocoli.
- Carottes.
- Haricots verts.
- Choux de Bruxelles.
- Framboises, mûres, atocas.
- Bananes.
- Pommes, poires, prunes.
- Fraises.

Les aliments à haute teneur en fer

- Foie.
- Rognons.
- Huîtres.
- Famille des choux, des poivrons, des agrumes ou des cantaloups, qui favorisent l'absorption du fer.
- Pois chiches, fèves de Lima, fèves soya, lentilles.
- Légumes vert foncé.
- Mélasse noire.
- Pruneaux.
- Dattes, figues ou autres fruits secs.
- Germe de blé.

Principaux éléments nutritifs fournis par les groupes d'aliments

Éléments nutrifitfs	Fonctions principales	Lait et produits laitiers	Pain et céréales	Fruits et légumes	Viande et substituts de la viande
Glucides	Source d'énergie. Auxiliaire dans l'utilisation des graisses. Action d'épargne sur les protéines.		x	x	
Lipides (graisses)	Source d'énergie. Favorise l'absorption des vitamines liposolubles.	x			x
Protéines	Formation et réparation des tissus de l'organisme. Formation d'anticorps pour lutter contre l'infection.	x		x	x
Vitamine A	Aide au développement normal des os et des dents. Permet une bonne vision dans l'obscurité. Aide à conserver la peau et les muqueuses en bon état.	x		x	x
Vitamines du complexe B Thiamine	Aide à libérer l'énergie des glucides. Favorise une croissance et un appétit normaux. Contribue au fonctionnement normal du système nerveux et de l'appareil digestif.		x	x	x

Riboflavine	Aide à conserver la peau et les yeux en bon état. Contribue au fonctionnement normal du système nerveux. Aide à libérer l'énergie au cours du métabolisme.	x	x		x
Niacine	Favorise une croissance et un développement normaux. Contribue au fonctionnement normal du système nerveux et de l'appareil digestif.		x		x
Acide folique	Aide à la formation des globules rouges.			x	x
Vitamine C	Aide à conserver les dents et les gencives saines. Garde les parois des vaisseaux sanguins en bonne condition.			x	
Vitamine D	Stimule l'utilisation du calcium et du phosphore pour la formation et l'entretien des os et des dents.	x			
Calcium	Contribue à la formation et à l'entretien d'os et de dents solides. Favorise le bon fonctionnement du système nerveux et aide à la coagulation normale du sang.	x			

| Fer | Élément essentiel de l'hémoglobine, la partie constituante des globules rouges qui transporte l'oxygène et le gaz carbonique. | | x | x | x |

Sources: Agriculture Canada; Santé et Bien-être social Canada.

Votre taille et votre poids

FEMMES

Hauteur (avec souliers, talons 2'') pi-po	Petite ossature	Moyenne ossature	Grosse ossature
4-10	92- 98	96-107	104-119
4-11	94-101	98-110	106-122
5-0	96-104	101-113	109-125
5-1	99-107	104-116	112-128
5-2	102-110	107-119	115-131
5-3	105-113	110-122	118-134
5-4	108-116	113-126	121-138
5-5	111-119	116-130	125-142
5-6	114-123	120-135	129-146
5-7	118-127	124-139	133-150
5-8	122-131	128-143	137-154
5-9	126-135	132-147	141-158
5-10	130-140	136-151	145-163
5-11	134-144	140-155	149-168
6-0	138-148	144-159	153-173

HOMMES

Hauteur (avec souliers, talons 1'') pi-po	Petite ossature	Moyenne ossature	Grosse ossature
5-2	112-120	118-129	126-141
5-3	115-123	121-133	129-144
5-4	118-126	124-136	132-148
5-5	121-129	127-139	135-152
5-6	124-133	130-143	138-156
5-7	128-137	134-147	142-161
5-8	132-141	138-152	147-166
5-9	136-145	142-156	151-170
5-10	140-150	146-160	155-174
5-11	144-154	150-165	159-179
6-0	148-158	154-170	164-184
6-1	151-162	158-175	168-189
6-2	156-167	162-180	172-194
6-3	160-171	167-185	178-199
6-4	164-175	172-190	182-204

Source: La Métropolitaine Assurance-vie.

Votre âge et votre besoin en calories

ÂGE	SEXE	CALORIES
7 à 9 ans	M	2 200
	F	2 000
10 à 12 ans	M	2 500
	F	2 300
13 à 15 ans	M	2 800
	F	2 200
16 à 18 ans	M	3 200
	F	2 100
19 à 35 ans	M	3 000
	F	2 100
35 à 50 ans	M	2 700
	F	1 900
50 ans et plus	M	2 300
	F	1 800

Source: Bureau de la diététique (Santé et Bien-être social Canada).

Tableau des calories

Lait et produits laitiers

	Nombre de calories
Crème glacée à la vanille, ½ tasse (125 ml)	141
Crème légère, 1 c. à table (15 ml)	20
Crème sûre, 1 c. à table (15 ml)	16
Fromage à la crème, 1 c. à table (15 ml)	49
Fromage cheddar, 1½ oz (45 g)	181
Fromage cottage (2% de matières grasses), 1 tasse (250 ml)	213
Lait chocolaté (lait partiellement écrémé), 1 tasse (250 ml)	190
Lait écrémé, 1 tasse (250 ml)	90
Lait entier (3,3% de matières grasses), 1 tasse (250 ml)	157
Lait partiellement écrémé, à 2%, 1 tasse (250 ml)	129
Poudding au riz, ½ tasse (125 ml)	149
Sorbet à l'orange, ½ tasse (125 ml)	97
Yogourt nature, 4½ oz (125 g)	85
Yogourt parfumé aux fruits, 4½ oz (125 g)	128

Viande, poisson, volaille et substituts

Arachides rôties salées, ½ tasse (125 ml)	438
Bacon frit, 2 tranches	92
Beurre d'arachides, 1 c. à table (15 ml)	95
Bifteck maigre, 1 tranche, 3½ oz (90 g)	170
Boeuf à bouillir maigre, 1 morceau, 3½ oz (90 g)	197
Boeuf haché mi-maigre, 1 boulette grillée	257
Côtelette d'agneau maigre, 1	140
Côtelette de porc maigre, 1	130
Côtelette de veau, 1	211
Dinde rôtie, 3 tranches	171
Fèves au lard avec sauce tomate, 1 tasse (250 ml)	327
Flétan grillé, 1 filet	154
Foie de veau frit, 3 tranches	235
Gigot d'agneau rôti, maigre, 2 morceaux, 3½ oz (90 g)	167
Graines de sésame séchées, ½ tasse (125 ml)	338
Haricots rouges cuits, égouttés, 1 tasse (250 ml)	284
Jambon bouilli, 1 tranche	49
Noix de Grenoble hachées, 1 c. à table (15 ml)	52

Oeuf brouillé avec lait et beurre, 1   95
Oeuf cru, 1 gros   79
Oeuf frit, 1   83
Omble de l'Arctique rôti ou grillé, 1 filet   143
Poulet rôti, 4 tranches   122
Rôti de boeuf maigre, 2 tranches, 3½ oz (90 g)   171
Salami, 1 tranche   88
Sardines en conserve, 7 moyennes, sans liquide   183
Saucisse de porc cuite, 1   95
Saucisse de Francfort, 1   124
Saumon en conserve, avec son liquide, ⅓ tasse (100 ml)   183
Saucisson de Bologne, 1 tranche   40
Sole égouttée, 1 filet   58
Thon en conserve, sans liquide, ½ tasse (125 ml)   177

Légumes

Betteraves cuites et tranchées, 1 tasse (250 ml)   58
Brocoli cuit et égoutté, 1 tige   45
Carotte crue, 1   20
Carottes cuites en cubes, 1 tasse (250 ml)   47
Céleri cru, 1 branche   5
Champignons crus, en tranches, 1 tasse (250 ml)   28
Champignons frais, sautés, 4 moyens   78
Chou cru, finement haché, 1 tasse (250 ml)   21
Chou-fleur cru, 1 tasse (250 ml)   30
Chou-fleur cuit, 1 tasse (250 ml)   26
Concombre cru, pelé, 6 tranches   5
Cornichons à l'aneth, 1   15
Cornichons sucrés mélangés, 2   6
Courgettes cuites, égouttées, 2   27
Échalotes, 6 petites   20
Épinards crus, 1 tasse (250 ml)   8
Épinards cuits, 1 tasse (250 ml)   42
Haricots verts ou jaunes, cuits et égouttés, 1 tasse (250 ml)   32
Jus de tomate, 1 tasse (250 ml)   47
Jus V-8, 1 tasse (250 ml)   51
Ketchup de tomates, 1 c. à table (15 ml)   15
Laitue crue, 2 feuilles   10

Maïs en conserve, égoutté, 1 tasse (250 ml)   148
Maïs frais, 1 épi   70
Navet cuit, en cubes, 1 tasse (250 ml)   74
Oignon cru, 2½ po (6 cm) de diamètre, 1   40
Olives vertes, 4 moyennes   15
Pois verts cuits, 1 tasse (250 ml)   121
Pomme de terre au four, 1 moyenne   91
Pomme de terre pelée et bouillie, 1 moyenne   80
Pommes de terre en purée, avec lait et beurre, 1 tasse (250 ml)   195
Pommes de terre frites, 10 frites   155
Radis crus, 4 petits   5
Tomate crue, 1   35

Fruits

Ananas cru en cubes, 1 tasse (250 ml)   79
Avocat cru, 1   370
Banane crue, 1 moyenne   100
Cantaloup cru, ½   60
Cerises crues, sucrées, 1 tasse (250 ml)   96
Compote de pommes en conserve, sucrée, 1 tasse (250 ml)   240
Fraises crues, 1 tasse (250 ml)   58
Jus de pamplemousse en conserve, non sucré, 1 tasse (250 ml)   106
Jus de pomme, non sucré, 1 tasse (250 ml)   130
Jus d'orange congelé et dilué, 1 tasse (250 ml)   127
Limonade congelée et diluée, 1 tasse (250 ml)   116
Orange crue, 1   65
Pamplemousse rose cru, ½   45
Pastèque, 1 tranche   115
Pêche crue, 1   35
Poire crue, 1   100
Pomme crue, 1   70
Prune crue, 1   25
Raisins crus, 30   65
Raisins sans pépins, 1 tasse (250 ml)   506

Pains et céréales

Beigne, genre gâteau, 1	125
Biscuit à la farine d'avoine, 1	86
Biscuit aux brisures de chocolat, 1	50
Brioche ordinaire, 1	125
Céréale de blé filamenté, 1 rondelle	80
Craquelins salés, 4	50
Crêpe nature, 1	60
Flocons de son, blé entier, 1 tasse (250 ml)	98
Gâteau aux fruits, 1 tranche	55
Gâteau quatre-quarts, 1 tranche	140
Granola, ½ tasse (125 ml)	288
Gruau d'avoine, ½ tasse (125 ml)	69
Maïs soufflé, avec huile et sel, 1 tasse (250 ml)	40
Muffin de son, 1	60
Négrillon, 1	95
Pain aux raisins, 1 tranche	65
Pain blanc, 1 tranche	82
Pain de blé entier, 1 tranche	73
Pain de seigle, 1 tranche	73
Pâtes cuites, macaroni ou spaghetti, 1 tasse (250 ml)	164
Petit pain à hamburger, 1	164
Petit pain à hot dog, 1	137
Tarte à la citrouille, croûte simple, 1 pointe	317
Tarte au citron meringuée, croûte simple, 1 pointe	357
Tarte aux pommes, double croûte, 1 pointe	410

Matières grasses

Beurre, 1 c. à table (15 ml)	100
Huile de maïs, 1 c. à table (15 ml)	125
Margarine, 1 c. à table (15 ml)	100
Mayonnaise, 1 c. à table (15 ml)	100
Vinaigrette, 1 c. à table (15 ml)	65

Sucreries

Confiture, 1 c. à table (15 ml)	55
Miel, 1 c. à table (15 ml)	65
Sucre blanc, 1 c. à table (15 ml)	40

Produits divers

Conseils pratiques pour mieux faire votre épicerie

- Faites une liste d'emplettes. Cela vous sauvera du temps et limitera vos achats impulsifs. Chaque semaine, planifiez vos repas selon votre emploi du temps (il y a des semaines où l'on peut moins cuisiner que d'autres) et selon aussi les aliments en saison.

- Mangez avant de faire vos courses.

- Demandez à votre boucher ou à votre poissonnier des viandes et des poissons maigres.

- Achetez de l'huile végétale polysaturée et conservez-la au réfrigérateur.

- Faites l'achat de produits à basse teneur en calories : fromage cottage écrémé, lait écrémé, mayonnaise réduite en calories, yogourt écrémé.

- Achetez du pain de blé entier (riche en fibres).

- Procurez-vous une poêle en téflon ou dont le revêtement spécial permet de cuire les aliments sans gras.

Les entrées

CÉLERI FARCI AU HOMARD OU AU CRABE

15 calories par morceau de céleri

Ingrédients

1 boîte de homard (5 oz — 140 g) ou de crabe
1½ c. à thé de persil haché finement
1 c. à table de jus de citron
2 c. à thé de mayonnaise réduite en calories
16 bâtonnets de céleri coupés en morceaux
de 2 po (5 cm)

Préparation

Égoutter le homard et le hacher très fin. L'incorporer aux assaisonnements. Lier le tout avec la mayonnaise.

Remplir chaque morceau de céleri de 1 c. à table du mélange. Servir froid.

COCKTAIL DE CREVETTES

75 calories pour 5 crevettes

Ingrédients

8 grosses crevettes
⅛ tasse (30 ml) de sel marin
4 tranches de citron
1 feuille de laurier

Préparation

Faire mijoter les crevettes, dans leur carapace, dans une casserole d'eau (1 litre) dans laquelle on aura ajouté le sel, le citron et la feuille de laurier. Faire cuire 5 minutes. Égoutter et refroidir. Éplucher et déveiner.

Laisser la queue, elles sont ainsi plus faciles à prendre. Disposer les crevettes, dans un grand plat de service, sur un tapis de laitue autour d'un petit bol de sauce cocktail.

Sauce cocktail

½ tasse (125 ml) de sauce chili
¼ tasse (60 ml) de jus de citron
1 c. à table de vinaigre
1 c. à table de sauce Worcestershire
2 c. à table de céleri haché très fin
2 c. à table de persil haché très fin
2 c. à table d'oignon haché très fin
Quelques gouttes de sauce Tabasco

Mélanger tous les ingrédients et refroidir.

ASPIC SUR CANAPÉ

1 canapé = 30 calories

Ingrédients

Du poivre fraîchement moulu
1 bouquet de persil haché finement
8 lamelles de piment vert
3 blancs d'oeufs cuits durs coupés fin
1 tasse (250 ml) de consommé de boeuf
1 c. à table de gélatine
2 c. à table de vin Marsala

Préparation

Huiler légèrement un moule à muffins. Dans chacun, déposer le poivre, le persil, le piment, les oeufs.

Dans une casserole, faire chauffer le consommé et y dissoudre la gélatine. Retirer du feu et ajouter le vin. Verser la préparation dans les moules à muffins. Refroidir jusqu'à ce que ce soit ferme. Servir sur des craquelins de blé entier.

CHAMPIGNONS FARCIS

35 calories par champignon

Ingrédients

8 gros champignons
1 c. à table de piments hachés
2 c. à table de jus de citron
1 c. à table de mayonnaise réduite en calories
1 c. à table d'huile végétale
1 c. à thé de poivre
Un peu de mie de pain

Préparation

Préchauffer le four à 450° F (230° C).

Pratiquer une ouverture dans le champignon. Y introduire la préparation faite avec le mélange de tous les autres ingrédients. Faire cuire de 8 à 10 minutes. Servir immédiatement.

MELON ET «PROCIUTTO»

32 calories par «couple» de cubes jambon/cantaloup

Ingrédients

1 cantaloup en cubes de 1 po (3,5 cm) d'épaisseur
½ lb (250 g) de jambon maigre tranché en cubes
de 1 po (2,5 cm) d'épaisseur

Préparation

Déposer dans un plat de service sur un lit de laitue. Piquer
avec des cure-dents de couleurs.

Les soupes
chaudes ou froides

L'hiver a un parfum : celui de la soupe… L'idée de manger tout en buvant ne date pas d'hier et ce n'est pas seulement en hiver que l'on déguste une soupe. Servie au début ou au milieu du repas, ou encore comme une infusion au milieu de l'après-midi, elle constitue une excellente source de vitamines. La soupe peut aussi, à la manière des Asiatiques, servir de plat unique.

Les recettes de soupes peuvent varier à l'infini, selon vos goûts et votre appétit. Vous pouvez y ajouter des oeufs, des croûtons, du fromage, du tofu, des herbes sèches.

Dans cette section, nous vous proposons des recettes de soupes chaudes ou froides qui sont faciles à préparer, savoureuses et originales !

Pour des soupes sans gras

Laissez tomber dans votre bouillon de viande encore chaud quelques cubes de glace. Le gras adhérera aux glaçons et il sera alors facile de le retirer avec une cuillère.

Cette façon de faire s'applique également aux sauces et aux ragoûts.

LA SOUPE AU CHOU

1 tasse (250 ml) de soupe = 110 calories

Ingrédients

1 chou moyen
1 oignon
1 grosse pomme de terre
3 tasses (750 ml) de lait écrémé
2 c. à table de margarine réduite en calories
1 pincée de poivre

Préparation

Couper le chou en morceaux. Émincer l'oignon et la pomme de terre. Déposer les légumes dans une large casserole avec une grande quantité d'eau et laisser cuire jusqu'à ce que le tout soit tendre. Piler les légumes. Ajouter le lait et la margarine, puis le poivre. Servir chaude.

GASPACHO

1 tasse (250 ml) = 155 calories

Ingrédients

6 tomates fraîches, pelées et coupées en morceaux
1 oignon en morceaux
½ tasse (125 ml) de poivron vert en morceaux
½ tasse (125 ml) de concombre
2 tasses (500 ml) de jus de tomate
1 pincée de poivre fraîchement moulu
1 gousse d'ail fraîche finement coupée
¼ tasse (60 ml) d'huile végétale
¼ tasse (60 ml) de jus de citron

Préparation

Mettre dans votre mélangeur les tomates, l'oignon, le poivron vert et le concombre. Ajouter un peu de jus de tomate, le poivre et l'ail. Mettre dans un bol. Couvrir et laisser refroidir.

Avant de servir, ajouter l'huile et le jus de citron. Rajouter des tomates, des oignons, des poivrons et des concombres hachés finement afin de donner de la texture.

SOUPE À L'OIGNON

1 tasse (250 ml) = 110 calories

Ingrédients

1½ tasse (375 ml) d'oignons finement hachés
2 c. à table de margarine réduite en calories
6 tasses (1 500 ml) de consommé de boeuf
1 c. à thé de sauce soya
1 pincée de poivre frais

Préparation

Faire revenir les oignons dans la margarine jusqu'à ce qu'ils soient transparents. Ajouter le consommé de boeuf et le poivre. Laisser cuire pendant 30 minutes.

LA SOUPE DE POISSON NOUVELLE-ANGLETERRE

1 tasse (250 ml) = 175 calories

Ingrédients

1½ tasse (375 ml) d'oignons émincés
2 tasses (500 ml) de pommes de terre en cubes
⅛ c. à thé de poivre fraîchement moulu
2 tasses (500 ml) d'eau bouillante
1 lb (500 g) de filet d'aiglefin coupé en cubes
de ¾ de po (2 cm) d'épaisseur
2 tasses (500 ml) de lait écrémé
1 tasse (250 ml) de lait évaporé
1 pincée de paprika
1 pincée de poivre
1 pincée de persil

Préparation

Dans l'eau assaisonnée de poivre et de paprika, faire bouillir les oignons et les pommes de terre environ 10 minutes.

Puis ajouter le poisson et faire cuire 10 minutes encore. Incorporer le lait. Faire chauffer à feux doux 15 minutes, car le lait ne doit pas bouillir.

POTAGE DE POIREAUX ET DE CAROTTES

1 tasse (250 ml) = 65 calories

Ingrédients

3 tasses (750 ml) de bouillon de poulet maigre
1 tasse (250 ml) de poireau émincé, la partie blanche seulement
1 c. à thé de gingembre frais
6 carottes (environ 1 lb — 500 g) tranchées minces
1 pincée de poivre de Cayenne
1 bouquet de persil frais

Préparation

Réchauffer 1 tasse (250 ml) de bouillon dans une grande casserole. Ajouter les poireaux, le gingembre et les carottes. Faire cuire à feu moyen jusqu'à ce que les poireaux soient tendres. Puis recouvrir et faire cuire de nouveau de 30 à 35 minutes à feu doux jusqu'à ce que les carottes soient tendres. Passer le tout au mélangeur jusqu'à l'obtention d'une purée. Remettre cette purée dans la casserole et ajouter les deux autres tasses (500 ml) de bouillon et le poivre. Bien mélanger. Couvrir et faire cuire 3 minutes. Garnir de persil.

MINESTRONE DE GARBANZO

1 tasse (250 ml) = 145 calories

Ingrédients

2 tasses (500 ml) de fèves de garbanzo sèches
2 tasses (500 ml) de bouillon de poulet dégraissé
1 tasse (250 ml) de carottes en dés
1 tasse (250 ml) de céleri en dés
1 tasse (250 ml) d'oignons en dés
1 tasse (250 ml) de poivrons verts
1½ tasse (375 ml) de haricots verts
1 tasse (250 ml) de tomates en morceaux avec le jus
1 c. à thé de sauce soya
1 gousse d'ail en morceaux
1 pincée d'un mélange de fines herbes à l'italienne

Préparation

Déposer les fèves dans une casserole et les recouvrir d'eau (environ 8 tasses — 2 l). Amener à ébullition et faire cuire environ 10 minutes. Éteindre le feu et laisser reposer les fèves 1 heure ou 2.

Ensuite, retirer l'eau et remplacer le liquide par 8 tasses (2 l) d'eau fraîche. Amener à ébullition. Faire chauffer les fèves à feu doux pendant 1½ heure. Encore une fois, enlever le liquide et le mettre de côté. Il resservira.

Dans une autre casserole, mettre le bouillon et 5 tasses (1,25 l) d'eau. Ajouter les carottes, le céleri, les oignons, le poivron et les haricots. Amener le tout à ébullition puis chauffer à feu moyen, sans recouvrir, jusqu'à ce que les légumes soient presque tendres (environ 20 minutes). Ajouter les tomates, les assaisonnements et 2 tasses (500 ml) de fèves. Mettre le reste des fèves dans le mélangeur avec 1 tasse (250 ml) du liquide préalablement mis de côté. Mélanger le tout jusqu'à ce que cela soit consistant.

Incorporer ce mélange dans la soupe. Remettre la soupe à bouillir, puis réduire la chaleur et faire chauffer les légumes jusqu'à ce qu'ils soient tendres.

TOFU ET POIS DES NEIGES

40 calories par portion

Ingrédients

4 tasses (1 l) de bouillon de poulet dégraissé
4 oz (115 g) de tofu coupé en cubes
¼ tasse (60 ml) de champignons en fines lamelles
¼ tasse (60 ml) d'échalotes émincées
¼ tasse (60 ml) de carottes coupées en dés
1 gousse d'ail
1 c. à thé de gingembre frais
1 pincée d'aneth
1 c. à thé de sauce soya
1 tasse (250 ml) de pois des neiges

Préparation

Mettre tous les ingrédients, à l'exception des pois des neiges, dans une casserole. Amener doucement à ébullition, puis diminuer le feu et couvrir. Faire chauffer à feu très doux pendant 20 minutes jusqu'à ce qu'ils soient tendres mais encore un tout petit peu croquants.

SOUPE DE CONCOMBRES

1 tasse (250 ml) = 56 calories

Ingrédients

4 concombres pelés et tranchés
1 petit oignon tranché finement
2 tasses (500 ml) de bouillon de poulet dégraissé
1 c. à thé de basilic
1 pincée de poivre de Cayenne
1 c. à thé de jus de citron
2 tasses (500 ml) de yogourt maigre

Préparation

Dans une casserole, mettre les concombres, les oignons et 1 tasse (250 ml) de bouillon de poulet. Amener à ébullition, baisser le feu et couvrir. Faire cuire à feu doux pendant 10 minutes.

Transférer le tout dans le mélangeur, ajouter le reste du bouillon (1 tasse — 250 ml) et les épices dans le mélangeur. Mélanger le tout jusqu'à ce que cette préparation prenne la consistance d'une purée allégée.

Puis incorporer le citron et le yogourt. Servir froid.

POTAGE D'ASPERGES

1 tasse (250 ml) = 95 calories

Ingrédients

2 tasses (500 ml) d'asperges cuites avec leur jus*
¼ tasse (60 ml) d'oignons tranchés finement
¼ tasse (60 ml) de céleri tranché finement
1 tasse (250 ml) tasse de riz complet cuit
1½ tasse (375 ml) de lait écrémé
½ c. à thé de sel marin
⅛ c. à thé de poivre frais moulu

Préparation

Mettre dans le mélangeur les asperges, les oignons, le céleri et le riz cuit. Mélanger le tout jusqu'à consistance de purée. Déposer dans une casserole et incorporer le lait. Assaisonner et chauffer jusqu'au point d'ébullition. Servir immédiatement.

* On peut remplacer les asperges par du cresson (80 calories).

BOUILLON DE TOMATES ET DE CONSOMMÉ

1 tasse (250 ml) = 40 calories

Ingrédients

1 tasse (250 ml) de consommé de boeuf
3 tasses (750 ml) de jus de tomate
¼ c. à table de basilic
¼ c. à table de marjolaine
¼ c. à table d'origan
1 bouquet de persil

Préparation

Mettre le tout dans une casserole. Ne pas chauffer immédiatement. Laisser reposer cette préparation durant 30 minutes afin que les saveurs se mélangent.

Chauffer jusqu'au point d'ébullition et garnir avec le persil.

La volaille

La volaille est appréciée de tous et est facilement accessible. En effet, on la trouve partout et généralement à bon compte. Le poulet est facilement digestible, la dinde aussi.

Pour faire cuire la volaille, vous pouvez lui laisser la peau : la chair en sera ainsi plus tendre; mais retirez-la au moment de déguster votre plat, car elle est vraiment nocive pour votre santé.

Notons que le riz complet accompagne agréablement la volaille.

POULET TÉRIYAKI

6 portions — 170 calories par portion

Ingrédients

3 poitrines de poulet (2 lb — 1 kg) en morceaux dont le
gras a été enlevé
½ tasse (125 ml) de vin blanc sec
¼ tasse (60 ml) d'eau
3 c. à table de sauce soya
¼ c. à thé de gingembre moulu
⅛ c. à thé d'ail pilé

Préparation

Mettre les morceaux de poulet dans un bol de verre ou de
terre cuite.

Mélanger dans un autre récipient tous les ingrédients de la
recette. Puis les verser sur le poulet.

Couvrir et laisser mariner entre 6 et 8 heures (la nuit, par
exemple) au réfrigérateur.

Retirer la partie liquide et mettre de côté. Mettre le poulet
au four à 450° F (230° C) pendant environ 30 minutes. Arroser souvent avec la sauce marinée.

POULET CHASSEUR

6 portions — 190 calories par portion

Ingrédients

3 poitrines de poulet (2 lb — 1 kg) en morceaux dont le gras a été enlevé
16 oz (450 g) de tomates en quartiers
1 poivron vert tranché
½ tasse (125 ml) de vin blanc sec
1 à 2 c. à thé d'origan
1 pincée de poivre
1 pincée d'épices italiennes

Préparation

Saisir les poitrines de chaque côté, 10 à 15 minutes, jusqu'à ce que la peau soit croustillante. Enlever le gras. Entourer le poulet d'une serviette en papier, afin de bien absorber tout le gras.

Mélanger tous les ingrédients dans une poêle, ajouter le poulet. Couvrir et faire cuire à feu doux 45 à 50 minutes, jusqu'à ce que le poulet soit tendre. Retirer le couvercle et faire cuire jusqu'à ce que la sauce devienne épaisse.

PAIN DE DINDE, SAUCE TOMATE

10 à 12 portions — 150 calories par portion

Ingrédients

1 lb (500 g) de dinde désossée
2 tasses (500 ml) de chapelure de pain de blé entier
2 blancs d'oeufs légèrement battus
1 tasse (250 ml) d'oignons finement hachés
1 tasse (250 ml) de céleri finement haché
1 tasse (250 ml) de poivrons verts finement hachés
¾ tasse (175 ml) de carottes finement hachées
½ tasse (125 ml) de lait évaporé
½ tasse (125 ml) de jus de tomate
2 c. à thé de thym
1 c. à thé de sauge
1 pincée de poivre de Cayenne

Sauce tomate

1 tasse (250 ml) de sauce tomate épaisse
¾ tasse (175 ml) de pâte de tomates
2 c. à table de sauce tomate piquante (optionnelle)

Préparation

Mettre tous les ingrédients du pain dans un grand bol à mélanger et brasser le tout efficacement. Donner au mélange la forme d'un pain. Enrouler le pain dans une feuille d'aluminium et faire cuire pendant 30 minutes à 400° F (200° C).

Préparer la sauce en mélangeant les ingrédients jusqu'à ce que la sauce soit bien lisse.

Après les 30 minutes de cuisson, retirer le pain du four et étendre la moitié de la sauce sur la partie supérieure de celui-ci. Continuer la cuisson, cette fois sans le papier d'aluminium, pendant encore 30 minutes. Déposer le pain dans un plat de service et le décorer de persil frais et de tranches de citron. Présenter le reste de la sauce dans un saucier.

POULET AU CARI

6 portions — 240 calories par portion

Ingrédients

2 ½ tasses (625 ml) de bouillon de poulet
3 demi-poitrines de poulet désossées et coupées en petits cubes de 1 po (2,5 cm)
2 oignons tranchés finement
2 pommes de terre pelées et coupées en dés
1 poivron vert tranché finement
2 c. à table de pâte de tomates
2 c. à thé de sauce soya
1 c. à thé de gingembre frais haché finement
1 c. à thé de cari
¼ c. à thé de clous de girofle
1 bâtonnet de cannelle
½ tasse (125 ml) de raisins

Préparation

Dans une casserole, mettre à bouillir ½ tasse (125 ml) de bouillon de poulet. Ajouter le poulet, les oignons, les pommes de terre et le poivron. Faire bouillir de 3 à 5 minutes jusqu'à ce que la chair du poulet soit blanche. Verser le reste du bouillon et les autres ingrédients, et amener une nouvelle fois à ébullition. Puis diminuer la chaleur, retirer le couvercle et faire cuire jusqu'à ce que les légumes soient tendres et que le mélange ait une consistance agréable. Retirer le bâton de cannelle.

DINDE RÔTIE AUX RAISINS OU AUX CERISES

10 portions — 175 calories par portion

Ingrédients

1 dinde de 5 à 6½ lb (2,25 à 3 kg)
½ lb (250 g) de raisins verts sans pépins ou de cerises
dénoyautées
Assaisonnement à volaille
1 pincée de sauge
½ tasse (125 ml) de jus de raisin ou de cerise

Préparation

Remplir la dinde de raisins ou de cerises et en garder une partie pour la fin de la cuisson.

Mettre les épices et faire cuire la dinde recouverte d'un papier d'aluminium. Faire cuire lentement et longtemps. Elle gardera toute sa tendreté. Vers la fin, ajouter les raisins/cerises qui restent. Ne pas cuire trop longtemps car les raisins ou les cerises éclateraient ou perdraient leur forme.

POULET CORDON-BLEU

8 portions — 200 calories par portion

Ingrédients

4 poitrines de poulet (2 lb — 1 kg) désossées et coupées
en tranches fines
8 c. à thé de persil frais haché
4 oz (115 g) de fromage mozzarella maigre
4 oz (115 g) de jambon maigre (4 tranches divisées en 2)
1 c. à table de mayonnaise à basse teneur en calories
1 c. à table d'eau chaude
¼ tasse (60 ml) de chapelure de pain assaisonnée

Préparation

Préchauffer le four à 425° F (220° C).

Mettre des tranches fines de poulet garnies de persil frais dans
une tranche de fromage, puis dans une tranche de jambon.
Rouler le tout de façon à obtenir un rouleau ferme.

Dans un autre récipient de taille à pouvoir recevoir les rouleaux, mélanger la mayonnaise et l'eau. Tremper le rouleau
dans ce mélange et l'enrober de chapelure. Le déposer sur
une plaque légèrement graissée et faire cuire de 15 à 20
minutes.

STEAK DE DINDE
AUX CHAMPIGNONS

4 portions — 160 calories par portion

Ingrédients

1 lb. (500 g) de steak de dinde (poitrine)
1 c. à table de margarine réduite en calories
2 tasses (500 ml) de champignons frais coupés en tranches fines
½ tasse (125 ml) de sherry
1 pincée de poivre
1 pincée de thym

Préparation

Faire revenir les steaks de dinde jusqu'à ce qu'ils soient parfaitement cuits. Les déposer dans un plat de service et mettre au four à 200° F (95° C) pour les garder au chaud.

Faire revenir les champignons. Ajouter le sherry, le poivre et le thym. Faire cuire 3 minutes.

Garnir les steaks de cette préparation aux champignons.

POULET AU CITRON

4 portions — 215 calories par portion

Ingrédients

3 c. à table de jus de citron frais
2 c. à table d'huile végétale ou de margarine réduite en calories
1 gousse d'ail pilé
1 pincée de poivre
3 lb (1,5 kg) de poulet légèrement cuit coupé en 4 portions

Préparation

Préchauffer le four à 350° F (175° C).

Dans un bol, mélanger le jus de citron, l'huile, l'ail, le poivre. Placer les morceaux de poulet dans un plat à cuisson au four et les garnir de la préparation. Couvrir et faire cuire environ 40 minutes.

Puis retirer le couvercle et faire cuire 10 minutes supplémentaires jusqu'à ce que les morceaux de poulet soient dorés. Garnir de persil frais.

CHAUDRÉE DE POULET

4 portions — 260 calories par portion

Ingrédients

½ tasse (125 ml) d'eau
1 poivron vert tranché finement
¼ tasse (60 ml) de lait écrémé
¼ tasse (60 ml) de mayonnaise à basse teneur en calories
4 oz (115 g) de champignons
2 tasses (500 ml) de morceaux de poulet (petits cubes)
1 pincée de poivre

Préparation

Préchauffer le four à 350° F (175° C).

Faire bouillir les tranches de poivron.

Dans un récipient pouvant aller au four, mélanger le lait et la mayonnaise, puis ajouter le poivron, les champignons, le poulet et le poivre. Couvrir et faire cuire de 20 à 25 minutes.

MOUSSE À LA DINDE

10 portions — 160 calories par·portion

Ingrédients

¼ tasse (60 ml) d'eau froide
1 enveloppe de gélatine
½ tasse (125 ml) d'eau bouillante
1 cube de bouillon de poulet
½ tasse (125 ml) de mayonnaise à basse teneur en calories
1 c. à table de jus de citron
1 c. à thé d'oignons fins
½ c. à thé de sauce Tabasco
¼ c. à thé de paprika
1½ tasse (375 ml) de fromage cottage maigre
2 tasses (500 ml) de morceaux de dinde cuite en dés
¼ tasse (60 ml) de poivron vert haché finement
¼ tasse (60 ml) de céleri en dés

Préparation

Dissoudre la gélatine dans l'eau froide. Faire fondre le cube de bouillon de poulet dans l'eau bouillante et ajouter graduellement la gélatine allongée. Mettre au froid. Ajouter la mayonnaise, le jus de citron, l'oignon, la sauce Tabasco et le paprika.

Avec le mélangeur, mélanger le fromage cottage jusqu'à ce qu'il soit crémeux. L'ajouter à la préparation de gélatine. Puis incorporer à ce mélange la dinde, le poivron et le céleri. Refroidir jusqu'à ce qu'il soit ferme.

Les poissons

Le poisson est délicieux et facile à préparer. C'est un mets économique dont le temps de cuisson est rapide, ce qui constitue un avantage.

C'est un aliment riche en vitamine B1, en protéines et en sels minéraux. Évitez de faire frire le poisson et de masquer son goût avec des sauces épaisses et riches. Dans cette section, vous trouverez de délicieux plats de poisson, pauvres en calories et riches en éléments nutritifs. Leur préparation est variée : au four, poché, grillé, etc.

Il est toutefois nécessaire de distinguer les poissons maigres, demi-gras et gras, afin de bien équilibrer vos menus.

Le classement des espèces courantes
de poissons

Maigres   Sole
                  Morue
                  Aiglefin
                  Sébaste
                  Perchaude
                  Doré

Brochet
Éperlan
Crustacés
Mollusques

Demi-gras   Flétan
Truite mouchetée
Truite arc-en-ciel

Gras   Morue charbonnière
Truite grise
Maquereau
Saumon
Alose
Thon
Turbot
Barbote

SÉBASTE À LA CRÉOLE

4 portions — 100 calories par portion

Ingrédients

1 lb (500 g) de filets de sébaste
2 c. à table d'oignons émincés
2 c. à table de piment vert haché
2 c. à table de champignons hachés
1 tasse (250 ml) de tomates en morceaux
2 c. à thé de jus de citron
Un peu de moutarde
1 pincée d'origan
1 pincée de poivre

Préparation

Préchauffer le four à 450° F (230° C).

Déposer les filets dans un plat à four légèrement graissé.

Mettre tous les ingrédients dans une casserole. Faire mijoter en remuant à l'occasion, jusqu'à ce que les légumes soient tendres (environ 10 minutes).

Verser la préparation sur le sébaste. Cuire jusqu'à ce que la chair se détache facilement.

MORUE AU CARI

4 portions — 115 calories par portion

Ingrédients

1 lb (500 g) de filets de morue
1 tasse (250 ml) de céleri tranché fin
1 tasse (250 ml) d'oignons tranchés fin
1 c. à table d'huile végétale
1 c. à thé de poudre de cari
1 c. à table de jus de citron

Préparation

Préchauffer le four à 450° F (230° C).

Mettre les filets dans un plat à four légèrement graissé.

Faire revenir 5 minutes le céleri et l'oignon dans l'huile. Incorporer les assaisonnements et le jus de citron.

Étendre la préparation sur les filets. Cuire de 10 à 12 minutes, jusqu'à ce que la chair s'effeuille facilement à la fourchette. Saupoudrer de paprika.

TRUITE À L'ORANGE

2 portions — 225 calories par portion

Ingrédients

2 truites arc-en-ciel
1 orange (jus et tranches)
1 c. à table de margarine réduite en calories
1 pincée de poivre
Un peu de gingembre frais

Préparation

Poivrer les truites. Couper l'orange en deux et mélanger le jus d'une moitié d'orange avec le beurre, gingembre inclus. Couper l'autre moitié en tranches fines.

Badigeonner les truites avec la moitié de la margarine à l'orange. Faire cuire à feu doux dans un poêlon. Puis retourner et rebadigeonner avec le reste de la préparation. Garnir de tranches d'orange.

AIGLEFIN PARFUMÉ AU BASILIC

4 portions — 155 calories par portion

Ingrédients

1 lb (500 g) de filets d'aiglefin
¼ c. à thé de sel marin
⅛ c. à thé de piments séchés
3 c. à table d'oignon haché
2 tomates en quartiers
½ c. à thé de basilic
2 c. à table de margarine réduite en calories

Préparation

Préchauffer le four à 450° F (230° C).

Séparer les filets et les mettre dans un plat à four. Parsemer de piments et d'oignon. Disposer les quartiers de tomates autour de l'aiglefin et saupoudrer de basilic. Arroser le tout de margarine. Cuire environ 15 minutes.

SOLE AU PAMPLEMOUSSE

4 portions — 130 calories par portion

Ingrédients

1 lb (500 g) de filets de sole
1 c. à table de margarine réduite en calories
2 c. à table d'oignons hachés
¼ tasse (60 ml) de céleri haché
1 tasse (250 ml) de cubes de pain grillé
½ tasse (125 ml) de pamplemousse en dés
2 c. à thé de persil haché
¼ c. à thé d'épices à volaille
2 c. à table de jus de pamplemousse
1 pincée de poivre

Préparation

Préchauffer le four à 450° F (230° C).

Déposer les filets dans un plat à four.

D'un autre côté, faire fondre la margarine et y cuire les légumes jusqu'à cc qu'ils soient tendres (environ 5 minutes).

Retirer du feu. Ajouter les cubes de pain grillé, les cubes de pamplemousse, le persil, les assaisonnements et le jus de pamplemousse. Mélanger légèrement. Étendre de façon uniforme sur le poisson. Cuire environ 15 minutes.

SAUMON BRAISÉ À L'ESTRAGON

4 portions — 150 calories par portion

Ingrédients

2 oignons en dés
3 carottes en dés
3 branches de céleri en lamelles
1 tronçon de saumon de 1 lb (500 g)
3 tasses (750 ml) de fumet de poisson
2 branches d'estragon
1 pincée de thym
1 pincée de poivre
1 pincée de laurier

Préparation

Préchauffer le four à 350° F (175° C).

Déposer les légumes au fond d'un plat à four. Puis y déposer le saumon mouillé de fumet. Ajouter les assaisonnements et les branches d'estragon à l'intérieur du saumon. Cuire durant 40 minutes en arrosant souvent.

FILETS DE POISSON
À LA CHINOISE

4 portions — 190 calories par portion

Ingrédients

1 lb (500 g) de filets de sébaste ou d'aiglefin ou de morue
1 lb (500 g) d'asperges ou de brocoli ou de haricots verts
3 c. à table d'huile végétale
1 c. à thé de fécule de maïs
1 c. à table de jus de citron
½ tasse (125 ml) d'eau

Préparation

Défaire les filets en morceaux de 2 po (5 cm). Laver les asperges, les couper sur le biais en morceaux de 1 po (2,5 cm) de longueur et rincer.

Chauffer 2 c. à table d'huile dans un poêlon. Ajouter délicatement les morceaux d'asperges encore humides. Faire cuire 5 minutes, le temps qu'elles soient tendres mais encore croquantes. Les retirer du feu et les garder au chaud.

Faire cuire le poisson dans le poêlon jusqu'à ce qu'il se sépare facilement. Compter de 2 à 4 minutes. Le retirer et le garder au chaud avec les asperges.

Délayer la fécule de maïs dans l'eau et le jus de citron. Ajouter le liquide d'asperges qui reste dans le poêlon et cuire jusqu'à ce que la sauce soit épaisse. Verser sur le poisson et les asperges.

COURT BOUILLON POUR
TOUT POISSON OU PRESQUE...

1 pinte (1 litre) — 50 calories par portion

Ingrédients

½ tasse (125 ml) de vinaigre de vin aux fines herbes ou
de jus de citron
1 branche de célcri
¼ tasse (60 ml) d'oignons tranchés
¼ tasse (60 ml) de carottes tranchées
¼ c. à thé de thym
½ c. à thé de grains de poivre noir, vert ou rose
1 feuille de laurier
1 c. à thé de persil haché fin
5 tasses (1,25 l) d'eau bouillante

Préparation

Mettre tous les ingrédients dans une casserole. Couvrir et faire
bouillir 10 minutes.

Assaisonner le poisson et l'envelopper de coton à fromage en
laissant dépasser les bouts de coton, qui serviront de poignées
pour déposer ou retirer le poisson de l'eau.

DORÉ POCHÉ AU LAIT

4 portions — 190 calories par portion

Ingrédients

1 lb (500 g) de filets de doré
1 tasse (250 ml) de lait écrémé
2 c. à table de margarine réduite en calories
2 c. à table de farine de blé entier
⅛ c. à table de poivre
1 c. à thé de jus de citron
2 c. à table d'échalotes ou de ciboulette hachées

Préparation

Faire mijoter le poisson dans le lait jusqu'à ce qu'il se détache facilement. Retirer du feu.

Mettre le poisson dans un plat chaud et le garder ainsi.

Faire fondre la margarine, y incorporer la farine et le poivre. Ajouter graduellement le lait chaud et remuer jusqu'à ce que la sauce épaississe. Ajouter le jus de citron et les échalotes ou la ciboulette. Verser la saucc sur le doré. Garnir avec le reste des échalotes. Servir immédiatement.

Le boeuf

Le boeuf est riche en protéines, mais il l'est également en matières grasses. Il faut donc le consommer avec parcimonie, le choisir maigre et se contenter de petites quantités. Dans cette section, vous trouverez des recettes de boeuf hypocaloriques, exotiques et économiques, vous permettant de varier vos menus.

Un petit conseil : manger du boeuf, oui ! Mais pas plus de trois fois par semaine.

MOUSSAKA

4 portions — 206 calories par portion

Ingrédients

1 lb (500 g) de steak haché maigre
2 tasses (500 ml) de sauce tomate
1 oignon émincé
½ c. à thé d'ail pilé
½ c. à thé d'origan
½ c. à thé de poivre frais moulu
⅛ c. à thé de cannelle
1 lb (500 g) d'aubergines coupées en dés
2 oz (55 g) de fromage feta en morceaux

Préparation

Préchauffer le four à 350° F (175° C).

Faire cuire la viande hachée en petits morceaux. Retirer le gras.

Mélanger dans un bol la sauce tomate, l'oignon, l'ail, l'origan, la cannelle.

Mettre dans un plat à four la viande, la sauce et l'aubergine mélangées. Faire cuire 45 minutes.

POIVRONS FARCIS

8 portions — 211 calories par portion

Ingrédients

8 poivrons
2 lb (1 kg) de steak haché maigre
1 boîte de 6 oz (170 ml) de pâte de tomates
2 gousses d'ail émincées
1 à 2 c. à table de petits piments secs et hachés
1 pincée de poivre
8 c. à thé de croûtons à l'italienne

Préparation

Préchauffer le four à 350° F (175°C).

Faire un large trou dans les poivrons, retirant pulpe et pépins. Faire bouillir les poivrons dans un récipient couvert pendant 5 minutes.

Cuire le steak haché et retirer le gras. Ajouter la pâte de tomates, l'ail, les piments séchés, le poivre. Cuire à feu doux pendant 5 minutes.

Remplir les poivrons avec cette préparation et coiffer de croûtons.

Déposer les poivrons sur une plaque légèrement graissée et cuire au four pendant 35 minutes.

BOEUF MEXICAIN

4 portions — 170 calories par portion

Ingrédients

½ lb (250 g) de fèves rouges
4 tasses (1 l) d'eau
1 lb (500 g) de boeuf en cubes de 1 po. (2,5 cm)
½ c. à thé de piments rouges hachés
½ tasse (125 ml) d'oignons coupés
½ c. à thé d'ail
2 c. à table de ketchup
2 c. à thé de thym, de basilic

Préparation

Faire tremper les fèves avec les assaisonnements (8 heures).
Faire chauffer le tout jusqu'à ce que les fèves soient bien tendres (3 heures).

BOEUF MARINÉ

6 portions — 270 calories par portion

Ingrédients

⅔ tasse (165 ml) de vin rouge
1 c. à table de sauce soya
½ c. à thé d'origan
½ c. à thé de thym
½ c. à thé de poivre frais moulu
1 ½ lb (750 g) de boeuf (beau morceau maigre)

Préparation

Mélanger le vin, la sauce soya et les assaisonnements. Mettre à mariner le boeuf, recouvert de la préparation, dans un plat de verre au réfrigérateur, de 12 à 18 heures. Retourner de côté une ou deux fois.

Puis réchauffer la partie supérieure de votre four (*broil*). Retirer le steak de sa sauce marinade, le faire griller à 4 po (10 cm) de la source de chaleur, 5 minutes de chaque côté ou au goût.

BOEUF À LA CHINOISE AU WOK

6 portions — 285 calories par portion

Ingrédients

3 c. à table d'huile végétale
1 lb (500 g) de boeuf maigre, tranché fin en lamelles
(comme pour la fondue chinoise)
¼ tasse (60 ml) d'oignon en morceaux
1 gousse d'ail émincée
7 oz (200 g) de pois des neiges
4 tasses de chou-fleur en petits bouquets
1 tasse (250 ml) de consommé de boeuf
2 c. à table de fécule de maïs
¼ tasse (60 ml) de sauce soya
½ tasse (125 ml) d'eau froide

Préparation

Faire chauffer l'huile. Ajouter le boeuf. Le faire cuire en le
retournant constamment (1 ou 2 minutes). Retirer la viande.
Faire cette opération en deux fois, étant donné le nombre de
lamelles de boeuf.

Cuire l'oignon et l'ail dans l'huile qui reste. Ajouter l'huile
et les pois des neiges. Puis ajouter le chou-fleur et le consommé. Cuire, en remuant doucement, pendant 3 minutes,
jusqu'à ce que le chou-fleur soit tendre mais croquant.

Mélanger la fécule de maïs, la sauce soya et l'eau. Mélanger
au bouillon dans le wok. Ajouter les morceaux de boeuf et
les pois des neiges. Cuire et mélanger jusqu'à ce que la sauce
épaississe.

Servir avec du riz ou des pâtes vermicelles chinoises.

L'agneau

Sous ce nom, on désigne le petit de la brebis tant qu'il n'a pas dépassé un an. On juge de la fraîcheur à la fermeté du gigot et à la couleur de la chair, qui doit être rose pâle. Cette viande ne supporte pas un faisandage trop prolongé, et on doit absolument s'assurer de sa fraîcheur.

La viande de l'agneau renferme beaucoup de nucléine et de gélatine. Elle doit donc être consommée modérément. Elle est relativement digestible. Saignant, l'agneau a un goût délicieux.

CÔTELETTES D'AGNEAU
À LA MENTHE ET AU CITRON

4 portions — 115 calories par portion

Ingrédients

4 côtelettes d'agneau maigre de ¾ de po (2 cm) d'épaisseur
2 c. à table de jus de citron frais
1 bouquet de feuilles de menthe fraîches
1 gousse d'ail émincée
1 pincée de poivre
4 tranches de citron (garniture)

Préparation

Arroser les côtelettes avec le jus de citron et ajouter les épices. Enrouler les côtelettes dans un papier d'aluminium et les faire macérer au réfrigérateur 1 ou 2 heures. Puis faire griller jusqu'au degré de cuisson voulu. Garnir de tranches de citron.

AGNEAU AUX POMMES

4 portions — 225 calories par portion

Ingrédients

2 lb (1 kg) d'agneau maigre dans l'épaule, coupé en cubes de 1 po (2,5 cm)
4 pommes pelées en quartiers
4 oignons moyens émincés
1 citron pressé
1 tasse (250 ml) de bouillon de poulet
1 pincée de poivre
1 c. à thé de gingembre

Préparation

Préchauffer le four à 350° F (175° C).

Mettre les morceaux d'agneau dans un plat de cuisson au four ou dans une cocotte. Les entourer des quartiers de pommes et des oignons. Assaisonner, puis arroser le tout de jus de citron et de bouillon de poulet. Couvrir et cuire pendant 1 heure.

CHAUDRÉE D'AGNEAU À L'IRLANDAISE

4 portions — 325 calories par portion

Ingrédients

3 oignons émincés
5 pommes de terre moyennes tranchées minces
4 carottes en rondelles
2 lb (1 kg) d'agneau maigre dans l'épaule, ou les restes
d'un gigot coupés en fines lamelles
2 bouquets de persil haché
1 tasse (250 ml) de bouillon d'agneau ou de poulet
2 c. à thé de sarriette
2 feuilles de laurier
Plusieurs pincées de poivre

Préparation

Préchauffer le four à 350° F (175° C).

Dans un plat de cuisson au four ou une cocotte, superposer
en couches les oignons, les pommes de terre, les carottes et
la viande. Prendre soin de bien assaisonner entre les couches.
Mouiller avec le bouillon. Ajouter une poignée de persil et
du poivre. Couvrir et cuire pendant 1½ heure.

AGNEAU À LA CHINOISE

4 portions — 335 calories par portion

Ingrédients

4 côtelettes d'agneau maigre en morceaux de 1 po (2,5 cm)
d'épaisseur
12 oz (240 g) d'ananas dans leur jus
¼ tasse (60 ml) de sauce soya
¼ tasse (60 ml) de jus de citron
½ c. à thé de moutarde sèche
1 c. à table d'huile végétale
¼ tasse (60 ml) de sucre brun
1 c. à thé de fécule de maïs

Préparation

Déposer les côtelettes dans un plat. Mettre les ananas et la
sauce soya, le jus de citron et la moutarde. Couvrir le tout
et réfrigérer de 4 à 5 heures, en prenant soin de retourner
les côtelettes.

Retirer les côtelettes et mettre à part la marinade. Faire revenir les côtelettes dans l'huile. Ajouter ¼ de tasse (60 ml) de
la marinade et couvrir. Faire cuire à feu doux de 30 à 45
minutes.

Mélanger le sucre et la fécule de maïs avec le restant de la
marinade dans une autre casserole. Amener à ébullition, en
brassant constamment. Puis ramener à feu doux et faire cuire
encore 5 minutes. Ajouter les morceaux d'ananas et réchauffer
de nouveau, jusqu'à ce que ceux-ci soient tendres.

GIGOT D'AGNEAU

4 portions — 125 calories par tranche

Ingrédients

2 gousses d'ail coupées en petits morceaux
1 gigot d'agneau (environ 4 lb — 2 kg) désossé
2 c. à table de sauce soya
2 c. à table de margarine réduite en calories
¼ tasse (60 ml) de moutarde forte
½ citron pressé
3 bouquets de persil frais
1 c. à thé de romarin
1 c. à thé de sarriette
1 tranche de fenouil
1 pincée de poivre

Préparation

Préchauffer le four à 400° F (200° C).

Piquer d'ail le gigot. Le chambrer pendant 2 heures. Préparer à côté la sauce avec le soya, la margarine, la moutarde et le citron. Mettre le gigot dans un plat de cuisson au four. Recouvrir le gigot de la sauce, ajouter les fines herbes et le poivre. Recouvrir le gigot de papier d'aluminium et faire cuire 1½ heure. Puis, pour les 30 dernières minutes de cuisson, découvrir le gigot.

Le veau

Le veau offre une viande au goût délicatement parfumé. Son prix est assez élevé, mais il convient parfaitement pour les repas de fête. Cette viande est délicieuse et plus maigre que le boeuf, quoique son taux de cholestérol soit quelques fois plus élevé puisqu'elle provient de jeunes animaux.

Les parties du veau les meilleures sont l'épaule, la poitrine et le tendron. Lorsque vous faites hacher le veau, précisez à votre boucher que vous le voulez maigre.

Soulignons que le veau est agréablement accompagné de pâtes aux épinards ou aux oeufs.

VEAU ROMANO

6 portions — 235 calories par portion

Ingrédients

1 c. à table de margarine réduite en calories
1½ lb (750 g) d'escalopes de veau coupées en tranches de
1 po (2,5 cm)
½ tasse (125 ml) d'oignons tranchés
⅓ tasse (80 ml) de vin blanc sec
⅓ tasse (80 ml) de jus de tomate
1 c. à thé de moutarde préparée
2 c. à table de farine tout usage
½ tasse (125 ml) de yogourt maigre
1 pincée de poivre
3 c. à table de fromage râpé Romano
2 c. à table de persil frais

Préparation

Faire revenir les escalopes dans la margarine. Ajouter les oignons, le vin, le jus de tomate et la moutarde. Réduire le feu et mettre un couvercle pour une première cuisson de 10 minutes.

Dans un récipient à part, mélanger la farine et le yogourt jusqu'à l'obtention d'un mélange crémeux. Ajouter ce dernier à la sauce du veau et faire cuire jusqu'à ce que la sauce soit belle et épaisse. Ajouter le poivre.

Avant de servir, saupoudrer de fromage et garnir de persil frais.

VEAU AUX TOMATES
ET AUX ARTICHAUTS

4 portions — 310 calories par portion

Ingrédients

1 lb (500 g) de veau maigre coupé en petits morceaux
1 c. à table d'huile végétale
1 pincée de poivre
1 gousse d'ail
½ lb (250 g) de tomates en quartiers
¼ tasse (60 ml) de sherry ou de vin blanc sec
¼ c. à thé d'origan
10 oz (280 g) de coeurs d'artichauts

Préparation

Faire revenir le veau dans l'huile, le poivre et l'ail. Puis ajouter les tomates, le vin, l'origan et les coeurs d'artichauts. Prendre soin de bien mélanger le tout.

Couvrir et laisser mijoter à feu doux de 45 à 60 minutes, jusqu'à ce que le veau soit tendre.

VEAU AUX AUBERGINES

3 portions — 250 calories par portion

Ingrédients

½ aubergine coupée en dés fins
1 lb (500 g) de veau maigre coupé en fines lamelles
½ c. à table d'huile
1 bouquet de persil haché
1 oignon émincé
1 gousse d'ail émincée
2 tomates fraîches broyées
¼ tasse (60 ml) de vin blanc sec ou de cidre
¼ citron pressé
Épices italiennes

Préparation

Préchauffer le four à 350° F (175° C).

Mettre l'aubergine en dés dans du gros sel de mer durant 30 minutes. Rincer vivement sous le robinet. Bien essuyer.

Dans un plat au four ou dans une cocotte, mettre le veau, le persil, l'aubergine, l'oignon, l'ail et les tomates. Mouiller de vin et de jus de citron.

Saupoudrer d'herbes et d'épices à l'italienne. Couvrir et faire cuire pendant 1 ½ heure.

ESCALOPES DE VEAU À L'ORANGE

2 portions — 230 calories par portion

Ingrédients

1 oignon moyen émincé
2 escalopes de veau de 1½ po (4 cm) d'épaisseur
1 orange pressée et râpée
1 c. à thé de moutarde en poudre
1 c. à thé de gingembre
1 pincée de poivre
½ tasse (125 ml) de bouillon de poulet
½ tasse (125 ml) d'eau
2 c. à table de sherry
1 orange tranchée mince (garniture)

Préparation

Préchauffer le four à 350° F (175° C).

Dans un plat de cuisson au four ou une cocotte, mettre les oignons puis les escalopes. Parsemer de râpures d'orange. Arroser de jus d'orange. Mettre les assaisonnements. Humecter de bouillon et de sherry. Couvrir. Faire cuire entre 1 heure et 1½ heure. Garnir de tranches d'oranges avant de servir.

VEAU AUX CHAMPIGNONS

4 portions — 225 calories par portion

Ingrédients

1 lb (500 g) de veau maigre
½ c. à table d'huile végétale
1 oignon tranché
1 gousse d'ail émincée
1 pincée de poivre
½ tasse (125 ml) de vin blanc sec
¼ de lb (125 g) de champignons frais et tranchés finement
1 c. à table de persil frais

Préparation

Faire revenir le veau. Ajouter l'oignon, l'ail, le poivre et le vin. Couvrir et faire cuire à feu doux pendant 45 minutes.

Puis ajouter les champignons, couvrir de nouveau et faire cuire doucement pendant encore 15 autres minutes. Garnir avec le bouquet de persil.

Le riz

Le riz est un aliment complet. Non blanchi, c'est une importante source de protéines, de vitamines et de minéraux. Il peut être apprêté de mille et une façons. Il est délicieux chaud ou froid.

C'est un aliment très économique et très nutritif, à condition, bien sûr, de le prendre complet. Le riz brun non décortiqué est facile à digérer, à cause de la petitesse de ses grains de fécule et de la délicatesse de l'enveloppe.

Le riz complet contient des protéines, des vitamines B, B1, B2, B6, PP (nécessaires à la croissance, à l'équilibre nerveux, à la réparation des tissus). Il contient aussi des sels minéraux : phosphore, zinc, iode, potassium, etc.

RIZ AUX TOMATES

6 portions — 110 calories par portion

Ingrédients

¼ tasse (60 ml) d'eau
1 oignon tranché
2 tasses (500 ml) de feuilles de laitue (romaine)
1 c. à table de sauce soya
1 c. à thé de cumin moulu
1 c. à thé de coriandre moulu
3 tasses (750 ml) de riz brun à long grain cuit
2 tomates tranchées

Préparation

Préchauffer le four à 350° F (175° C).

Dans une casserole, amener à ébullition ¼ de tasse (60 ml) d'eau. Ajouter l'oignon et laisser cuire jusqu'à ce qu'il soit ramolli. Ajouter les feuilles de laitue. Couvrir et laisser cuire jusqu'à ce que la laitue soit tendre.

Mettre ensuite la sauce soya, le cumin, la coriandre et le riz. Mélanger bien et retirer du feu.

Déposer le tout dans un moule carré (9 po — 25 cm) et mettre les tomates sur le dessus. Faire cuire de 25 à 30 minutes.

RIZ AU MAÏS

6 portions — 205 calories par portion

Ingrédients

1 oignon émincé
1 piment vert en petits morceaux
2 tasses (500 ml) de maïs en grains (congelé)
1 c. à thé d'origan
½ c. à thé de paprika
1 c. à table de sauce soya
1 tasse (250 ml) de petits pois verts décongelés
4 tasses (1 l) de riz brun cuit (long grain)

Préparation

Dans une grande casserole, faire revenir l'oignon 5 minutes en remuant constamment. Ajouter le piment, le maïs et les assaisonnements et faire cuire 3 minutes, toujours en remuant. Verser les petits pois et le riz et faire chauffer 5 minutes.

RIZ AUX FINES HERBES

6 portions — 125 calories par portion

Ingrédients

3 tasses (750 ml) de bouillon de poulet dégraissé
½ tasse (125 ml) de riz sauvage
½ tasse (125 ml) de riz brun (long grain)
2 c. à table d'échalotes émincées
2 gousses d'ail émincées ou pilées
1 c. à thé de sauce soya
1 c. à thé de thym, d'origan et de basilic
3 feuilles de laurier
1 pincée de poivre de Cayenne

Préparation

Dans une casserole, amener à ébullition ¼ du bouillon de poulet. Ajouter les riz, les échalotes, l'ail, la sauce soya, et faire cuire 3 minutes. Ajouter le reste du bouillon et les assaisonnements, ramener à ébullition; réduire le feu à doux et couvrir. Cuire 1 heure jusqu'à ce que le riz soit tendre. Retirer les feuilles de laurier et servir.

RIZ SAUVAGE AUX CHAMPIGNONS

6 portions — 190 calories par portion

Ingrédients

1 tasse (250 ml) de riz sauvage
1 tasse (250 ml) de champignons
⅓ tasse (80 ml) d'échalotes hachées finement
1 pincée de poivre frais moulu
2 c. à table d'huile

Préparation

Faire cuire le riz dans 2 tasses (500 ml) d'eau.

Faire revenir les champignons et les échalotes dans l'huile. Mélanger le tout et ajouter le poivre.

RIZ AU CARI

4 portions — 150 calories par portion

Ingrédients

1 tasse (250 ml) de riz brun
1 tomate fraîche broyée
1 oignon coupé finement
1 banane hachée
2 tasses (500 ml) de consommé
1 c. à thé de cari en poudre

Préparation

Dans une casserole, cuire le riz, la tomate, l'oignon et la banane hachée avec le consommé. Aromatiser avec la poudre de cari.

Les pâtes

Les pâtes sont très variées dans leur forme (courtes, tubu-
laires, longues et fines, etc.) et dans leur composition (épinards, oeufs, etc.). Choisissez toujours une bonne qualité de
pâtes, faites à base de semoule de blé entier.

Les pâtes peuvent accompagner une viande, un poisson,
des légumes, ou être servies avec une sauce. Même nature,
avec une pincée de poivre et d'ail, un petit peu d'huile et de
fromage, elles sont exquises et nourrissantes.

Elles sont économiques, ainsi que faciles et rapides à préparer; elles se prêtent à une quantité phénoménale de recettes.
Elles se gardent au réfrigérateur (maximum 3 jours), et peuvent être servies en salades. Et que dire des pâtes fraîches,
si ce n'est que ce sont évidemment les meilleures!

LASAGNE AUX ÉPINARDS

2 portions — 125 calories par portion

¼ lb (125 g) de lasagne de blé entier
¼ tasse (60 ml) d'oignon coupé finement
2 c. à table de persil haché
¼ c. à thé de basilic
1 c. à thé de margarine réduite en calories
5 oz (140 g) d'épinards coupés
½ tasse (125 ml) de fromage cottage écrémé
2 c. à table de yogourt maigre
1 gousse d'ail émincée
1 tasse (250 ml) de sauce tomate
3 c. à table de fromage parmesan

Préparation

Préchauffer le four à 400° F (200° C).

Faire cuire la lasagne; la rincer sous l'eau froide.

Faire revenir légèrement l'oignon, le persil et le basilic dans la margarine. Ajouter les épinards.

Faire une rangée de pâtes dans un plat à four, ajouter la préparation aux épinards, puis faire un autre étage avec le fromage cottage mélangé au yogourt. Ajouter le reste de la lasagne.

Mélanger l'ail et la sauce tomate et verser ce mélange sur la lasagne. Parsemer de fromage parmesan.

Cuire 30 minutes.

SALADE DE MACARONI
AUX POMMES

4 portions — 223 calories par portion

Ingrédients

2 tasses (500 ml) de macaroni (enrichi) précuit
2 pommes rouges coupées en dés
1 tasse (250 ml) de céleri en dés
¼ tasse (60 ml) de mayonnaise réduite en calories
¼ tasse (60 ml) de yogourt maigre
4 grandes feuilles de laitue
¼ tasse (60 ml) d'amandes émincées ou de noix hachées

Préparation

Mélanger le macaroni, les pommes, le céleri, la mayonnaise, le yogourt dans un saladier.

Couvrir et refroidir.

Servir sur les feuilles de laitue et garnir d'amandes ou de noix.

SPAGHETTI ALLA MARINARA

6 portions — 150 calories par portion

Ingrédients

2 petits oignons émincés
2 petites carottes coupées en rondelles
1 gousse d'ail
3 c. à table de margarine réduite en calories
2 c. à table d'huile d'olive
1 pincée de poivre frais moulu
Fines herbes italiennes
¼ c. à thé de piments séchés
2 grosses boîtes de tomates italiennes (4 lb — 2 kg)
ou fraîches en saison

Préparation

Faire revenir les oignons, les carottes et l'ail dans la margarine et l'huile jusqu'à ce que les oignons soient tendres. Puis ajouter le poivre, les fines herbes, les piments séchés et les tomates. Mélanger la sauce et laisser cuire, sans couvrir, 40 minutes. Servir sur des spaghetti.

PÂTES AU FROMAGE COTTAGE

4 portions — 350 calories par portion

Ingrédients

8 oz (225 g) de pâtes aux tomates ou nature
1 c. à thé de sel de mer
½ tasse (125 ml) d'oignons hachés
1 gousse d'ail
1 c. à table de persil haché
2 tasses (500 ml) de fromage cottage
1 tasse (250 ml) de mozzarella fraîchement râpé

Préparation

Préchauffer le four à 350° F (175° C).

Cuire les pâtes dans une casserole d'eau légèrement salée environ 20 minutes.

Les égoutter et les rincer à l'eau. Mettre de côté.

Mélanger l'oignon, l'ail et le persil haché dans le fromage cottage. Assaisonner et étendre le tout sur les pâtes disposées dans un plat à four. Mettre le fromage mozzarella par-dessus et cuire de 15 à 20 minutes.

Le fromage cottage est la plus simple de toutes les variétés de fromages. C'est un fromage mou provenant du lait écrémé.

Il a le grand avantage d'être maigre, facilement digestible, et il aide à refaire le calcium dans l'organisme. Il se consomme avec des fruits, des légumes, dans des salades ou des plats de pâtes.

PÂTES ALLA PRIMAVERA

4 portions — 350 calories par portion

1½ tasse (375 ml) de brocoli haché
1 tasse (250 ml) de courgette tranchée
1 tasse (250 ml) de petits pois frais ou congelés
2 grosses tomates hachées
2 gousses d'ail émincées
¼ tasse (60 ml) de persil haché
Fines herbes italiennes
½ lb (250 g) de fettucine ou de linguine
½ lb (250 g) de champignons tranchés
1 c. à table de margarine réduite en calories
½ tasse (125 ml) de crème à 10%
¼ tasse (60 ml) de parmesan frais râpé
1 pincée de poivre

Préparation

Cuire le brocoli, la courgette et les petits pois à l'eau bouillante.

Égoutter les légumes, les passer à l'eau froide et les mettre de côté.

Faire mijoter 5 minutes les tomates, l'ail, le persil et les fines herbes italiennes. Garder chaud à feu très doux.

Cuire les pâtes normalement, à part.

Entre temps, faire revenir légèrement les champignons dans la margarine. Ajouter les légumes verts.

Égoutter les pâtes. Ajouter aux pâtes les légumes mélangés et bien remuer, puis incorporer la crème et le parmesan.

Déposer les pâtes sur un plat de service et recouvrir du mélange aux tomates.

Les légumineuses

Les légumineuses contiennent beaucoup de protéines et sont riches en fibres; elles sont donc très nutritives. Elles ne contiennent aucune matière grasse et sont économiques. Les haricots, les lentilles, les fèves font partie de cette famille d'aliments. Pour combattre la flatulence que provoquent certains plats de fèves, ajouter toujours des feuilles de sarriette hachées. La sarriette est en effet le condiment indispensable des fèves.

Achetez le moins possible de légumineuses en boîte de conserve. Il vaut mieux les préparer vous-même. C'est plus long mais c'est meilleur, au goût et pour votre santé. La plupart des légumineuses doivent tremper dans l'eau toute une nuit. Cette préparation devrait être réfrigérée afin d'éviter la fermentation.

Soulignons que les légumineuses sont très riches en sels minéraux et surtout en phosphore et en fer.

LENTILLES AUX CAROTTES

4 portions — 150 calories par portion

Ingrédients

1 tasse (250 ml) de lentilles
3 carottes tranchées en rondelles
1 pincée de poivre
1 pincée de cari
1 pincée de cumin

Préparation

Cuire les lentilles dans 2 tasses (500 ml) d'eau pendant 30 minutes à feu moyen. Ajouter les carottes et les condiments, et cuire de 15 à 20 minutes.

FÈVES BLANCHES
À LA MANIÈRE DU SUD

2 portions — 125 calories par portion

Ingrédients

1 tasse (250 ml) de fèves blanches
1 gousse d'ail émincée
1 c. à thé d'oignon séché
1 pincée de poivre
1 pincée de sauge
1 pincée d'origan
1 pincée de sarriette
2 c. à table de jambon maigre en mini-cubes

Préparation

Mélanger tous les ingrédients et les cuire de 15 à 20 minutes
à feu moyen.

FÈVES NOIRES ET OEUF POCHÉ

1 portion — 375 calories par portion

Ingrédients

1 tasse (250 ml) de fèves noires
1 c. à table de poivron vert émincé
1 c. à table d'oignon séché
1 tranche de pain de blé entier grillé
1 oeuf
1 bouquet de persil

Préparation

Faire cuire les fèves noires en y ajoutant le poivron et l'oignon.

Étendre les fèves sur la tranche de pain et mettre dessus l'oeuf poché. Garnir de persil.

SEMOULE DE BLÉ
AVEC FÈVES ET LÉGUMES

6 portions — 160 calories par portion

Ingrédients

1½ tasse (375 ml) de bouillon de poulet dégraissé
1 oignon émincé
3 gousses d'ail émincées ou pilées
2 tasses (500 ml) de champignons en tranches fines
2 tomates pelées et finement tranchées
1 tasse (250 ml) de fèves (au choix)
½ tasse (125 ml) de persil frais
1 c. à table de sauce soya
1 pincée de sarriette
1 pincée de poivre
1 tasse (250 ml) de semoule de blé entier

Préparation

Dans une casserole, amener à ébullition ½ tasse (125 ml) de bouillon. Ajouter l'oignon, l'ail et les champignons. Faire cuire jusqu'à ce que les légumes soient tendres. Ajouter le reste des ingrédients (sauf la semoule et le bouillon). Réduire le feu et faire mijoter 10 minutes en remuant fréquemment. Ajouter la semoule et 1 tasse (250 ml) de bouillon. Amener à ébullition, couvrir, réduire le feu à doux et cuire 35 minutes.

PAIN DE LENTILLES

6 portions — 300 calories par portion

Ingrédients

1 tasse (250 ml) de lentilles
¼ tasse (60 ml) de noix hachées finement
13 oz (370 ml) de lait évaporé
1½ tasse (375 ml) de flocons de maïs «naturels» ou de croûtons de pain
1 oignon tranché fin
1 pincée de sarriette
1 pincée de sauge
¼ tasse (60 ml) d'huile végétale

Préparation

Préchauffer le four à 350° F (175° C).

Mélanger tous les ingrédients. Mettre le tout dans un moule à pain légèrement graissé. Faire cuire 45 minutes. Servir avec une sauce aux canneberges.

Les plats de légumes

Dans cette partie, nous vous présentons des recettes de plats de légumes qui constitueront des plats de base. Vous pourrez varier les combinaisons de légumes à l'infini et les servir différemment : avec une pomme de terre au four, avec une portion de riz brun, de pâtes, et même les servir froids, incorporés dans vos salades vertes. Avec une tranche de pain de blé entier, ils feront un bon petit repas vite fait. Gardez-en dans votre réfrigérateur, car ce sont des dépanneurs hors pair : sains, vitaminés, faciles à préparer et économiques !

Nous vous fournissons également des recettes inédites de légumes qui accompagneront bien vos repas.

ZUCCHINI BOURGUIGNON

4 portions — 85 calories par portion

Ingrédients

4 zucchini
½ tasse (125 ml) de bouillon de poulet dégraissé
1 lb (500 g) de champignons frais émincés
1 oignon rouge émincé
2 gousses d'ail émincées
¼ tasse (60 ml) d'eau
1 c. à table de vin rouge
½ c. à table de sauce soya
1 c. à table de fécule de maïs
2 oz (55 g) de poivrons verts émincés

Préparation

Faire bouillir les zucchini. Les retirer lorsqu'ils sont tendres mais encore fermes et les couper en rondelles d'un demi-pouce (1,25 cm) d'épaisseur.

Dans une casserole, amener le bouillon au point d'ébullition, puis ajouter les champignons, l'oignon et l'ail. Faire mijoter de 8 à 10 minutes à feu moyen.

Mélanger dans un récipient l'eau, le vin, la sauce soya et la fécule de maïs. Cela deviendra une pâte. Ajouter cette pâte aux légumes; remuer constamment jusqu'à ce que le tout soit épaissi. Ajouter les zucchini et les piments. Faire cuire encore de 5 à 10 minutes.

CHAUDRÉE DE LÉGUMES

8 portions — 150 calories par portion

Ingrédients

2½ tasses (625 ml) de bouillon de poulet dégraissé
4 pommes de terre pelées et coupées en cubes
4 carottes coupées en rondelles
3 tomates
5 branches de céleri tranché
3 oignons en quartiers
4 gousses d'ail émincées ou pilées
1 poivron vert émincé
2 c. à table de sauce soya
2 c. à table de persil finement haché
1 c. à table de basilic
¼ tasse (60 ml) de fécule de maïs
2 tasses (500 ml) de petits pois frais ou congelés

Préparation

Amener le bouillon à ébullition dans une grande casserole. Ajouter tous les ingrédients, sauf la fécule de maïs et les pois verts. Couvrir et faire cuire 25 minutes.

Dans un récipient, mélanger la fécule de maïs et de l'eau froide jusqu'à l'obtention d'une pâte onctueuse. Ajouter ce mélange dans la casserole, en prenant soin de bien mélanger. Ajouter les petits pois et faire cuire quelques minutes à feu doux.

CHAUDRÉE D'AUBERGINE

6 portions — 100 calories par portion

Ingrédients

1 grosse aubergine pelée et coupée en dés
1 gros poivron vert émincé
1 gros oignon émincé
4 gousses d'ail émincées ou pilées
1 tasse (250 ml) de bouillon de légumes
1 tasse (250 ml) de tomates en dés dans leur jus
¼ tasse (60 ml) de pâte de tomates (en boîte)
2 c. à thé de sauce soya
1 c. à thé de poudre de piments
1 c. à thé de cari
1 c. à thé de cumin moulu
1 c. à thé de poivre moulu

Préparation

Dans une grande casserole, déposer l'aubergine, le poivron vert, l'oignon, l'ail et le quart du bouillon. Amener le tout à ébullition puis faire mijoter à feu doux pendant 10 minutes, en remuant constamment. Le bouillon peu à peu s'évaporera. Ajouter le reste du bouillon et tous les autres ingrédients et amener au point d'ébullition. Puis couvrir et faire cuire à feu doux pendant 25 minutes.

POMMES DE TERRE
À LA MODE HINDOUE

6 portions — 150 calories par portion

Ingrédients

2 tasses (500 ml) de bouillon de poulet dégraissé
6 pommes de terre
½ oignon
½ c. à thé d'ail pilé
1 c. à thé de gingembre frais pilé
16 oz (450 g) de tomates en boîte, mises en purée au mélangeur
8 oz (225 g) de sauce tomate en boîte
½ tasse (125 ml) de persil frais haché finement
½ c. à thé de coriandre moulue
¼ c. à thé de poivre de Cayenne
¼ c. à thé de safran
½ tasse (125 ml) de yogourt maigre
¼ c. à thé de cannelle
⅛ c. à thé de menthe

Préparation

Dans une casserole, amener au point d'ébullition le bouillon de poulet et les pommes de terre. Puis couvrir et faire cuire à feu moyen les pommes de terre.

Dans un autre récipient, mettre 3 c. à table de bouillon retiré de la casserole, l'oignon, l'ail et le gingembre. Faire cuire jusqu'à ce que cela soit tendre. Ajouter les tomates (en sauce et en purée), le persil, tous les condiments, sauf la menthe, la cannelle et le yogourt. Faire cuire à feu doux quelques minutes, en remuant occasionnellement. Ajouter les pommes de terre et verser le bouillon sur celles-ci. Ajouter le mélange de yogourt, de menthe et de cannelle. Faire chauffer le tout sans le faire bouillir.

CHOUX-FLEURS AU FROMAGE

6 portions — 70 calories par portion

Ingrédients

1 chou-fleur
Épices à poulet
1 bouquet de persil
1 pincée de paprika
1 oz (30g) de mozzarella tranché

Préparation

Préchauffer le four à 400°F (200° C).

Faire cuire à la vapeur le chou-fleur en le garnissant d'épices à poulet. Une fois tendre mais croquant, le déposer en morceaux dans un plat à four. Ajouter les tranches de mozzarella.

Faire dorer au four. Garnir de persil et de paprika.

* Vous pouvez remplacer le chou-fleur par du brocoli.

CASSEROLE DE MAÏS CRÉMEUX

6 portions — 120 calories par portion

Ingrédients

2 c. à table de margarine réduite en calories
1 c. à thé de farine non blanchie
¼ c. à thé de moutarde sèche
2 c. à thé de piments séchés
1 c. à thé de persil émincé
2 tasses (500 ml) de maïs en grains
1 tasse (250 ml) de fromage cottage écrémé battu au mélangeur
Quelques rondelles de poivron vert pour garnir

Préparation

Préchauffer le four à 325° F (160° C).

Mélanger la margarine avec la farine jusqu'à l'obtention d'une consistance crémeuse. Ajouter les assaisonnements, le maïs et le fromage cottage. Mélanger bien le tout et le mettre dans un plat à four.

Cuire 30 minutes et garnir avec les rondelles de piment.

CHAMPIGNONS FARCIS

6 portions — 110 calories par portion

Ingrédients

1 lb (500 g) de champignons
2 c. à table d'huile végétale
10 oz (280 g) d'épinards congelés ou frais
2 blancs d'oeufs légèrement battus
½ tasse (125 ml) de croûtons à l'italienne
2 gousses d'ail émincées
1 pincée de thym
1 pincée de poivre

Préparation

Préchauffer le four à 350° F (175° C).

Enlever la queue des champignons. Faire revenir ces queues dans l'huile.

Faire bouillir les épinards, et, une fois cuits, enlever l'excédent de l'eau. Mélanger les queues de champignons, les épinards, les blancs d'oeufs, les croûtons, l'ail, le thym et le poivre.

Fourrer les champignons avec cette préparation. Après les avoir déposés sur un plat à four légèrement graissé, faire cuire 15 minutes.

HARICOTS À LA MODE
DE LA LOUISIANE

8 portions — 20 calories par portion

Ingrédients

1 lb (500 g) de haricots verts frais ou congelés
2 tasses de tomates
½ tasse (125 ml) de céleri en petits morceaux
¼ tasse (60 ml) de poivron vert
½ c. à thé d'oignon séché
1 pincée de poivre

Préparation

Cuire les haricots jusqu'à ce qu'ils soient tendres mais croquants. Mélanger les haricots, les tomates, le céleri, le poivron, l'oignon séché et le poivre. Cuire à feu moyen pendant 15 minutes.

POMMES DE TERRE, BROCOLI ET CHAMPIGNONS

10 portions — 150 calories par portion

Ingrédients

3 grosses pommes de terre coupées en morceaux de ¾ de po (2 cm)
1 lb (500 g) de petits oignons blancs épluchés
¼ tasse (60 ml) de margarine réduite en calories
Épices à poulet
¼ tasse (60 ml) de farine non blanchie
2 tasses (500 ml) de lait évaporé
6 oz (170 g) de champignons
¼ tasse (60 ml) de croûtons à l'italienne
1 lb (500 g) de brocoli coupé en morceaux

Préparation

Préchauffer le four à 375° F (190° C).

Cuire les pommes de terre et les oignons jusqu'à ce qu'ils soient tendres.

Dans une casserole, mélanger la margarine, les épices à poulet et la farine. Verser le lait et remuer fréquemment jusqu'à ce que la sauce épaississe. Ajouter graduellement ½ tasse (125 ml) d'eau.

Mélanger les champignons avec les oignons, les pommes de terre et la sauce. Mettre le tout dans un plat à four. Garnissez avec les croûtons. Faire cuire 30 minutes.

Pendant ce temps, faire cuire le brocoli dans de l'eau, de 5 à 10 minutes. Lorsque la cuisson au four est terminée, mettre le brocoli sur le dessus de votre plat et servir chaud.

COEURS D'ARTICHAUTS
AU VERMOUTH

6 portions — 110 calories par portion

Ingrédients

20 oz (570 g) de coeurs d'artichauts congelés (2 paquets)
½ tasse (125 ml) de vermouth sec
1 c. à table de jus de citron
1 gousse d'ail pilée
½ c. à thé de moutarde sèche
¼ c. à thé de poivre noir frais moulu
½ c. à thé d'estragon
1 bouquet de persil

Préparation

Cuire les artichauts normalement.

Mélanger le vermouth, le jus de citron, l'ail, les assaisonnements dans une casserole. Couvrir et chauffer à feu doux 5 minutes.

Verser la sauce sur les artichauts. Garnir avec le persil.

Les oeufs

Les oeufs sont délicieux. Ils entrent dans la composition de plusieurs plats. Mais attention : à cause de leur forte teneur en cholestérol, il faut s'en tenir à trois par semaine. En pâtisserie, vous pouvez utiliser simplement le blanc, qui est dépourvu de cholestérol.

Un petit truc : si vous faites des oeufs brouillés avec plus d'un oeuf, vous pouvez éliminer la moitié des jaunes. L'oeuf doit toujours être consommé très frais. Mangez-le le matin ou le midi, car la digestion de l'oeuf est assez lente.

Vous trouverez dans cette section des recettes simples et nourrissantes.

OMELETTE ESPAGNOLE

2 portions — 300 calories par portion

Ingrédients

½ tasse (125 ml) de pommes de terre coupées en dés (crues)
½ tasse (125 ml) d'oignons émincés
1 c. à thé de margarine réduite en calories
1 c. à thé d'huile d'olive
2 oeufs battus

Préparation

Faire revenir les pommes de terre et les oignons dans la margarine et l'huile. Ajouter les oeufs battus, ⅓ de la préparation à la fois, de manière à bien mélanger les deux éléments. Cuire des deux côtés.

OEUFS BROUILLÉS
AUX AMANDES
ET AUX CHAMPIGNONS

2 portions — 265 calories par portion

Ingrédients

½ tasse (125 ml) de champignons
2 c. à table d'amandes tranchées
1 c. à table de margarine réduite en calories
1 pincée de thym
1 pincée de poivre
1 pincée de paprika
2 oeufs battus
1 c. à table de lait écrémé

Préparation

Faire revenir à feu doux les champignons et les amandes. Saupoudrer de thym, de poivre et de paprika. Battre les oeufs et le lait ensemble. Verser ce mélange sur les champignons.

Mélanger avec une fourchette jusqu'au degré de cuisson désiré.

OMELETTE AUX ARTICHAUTS ET AUX PIMENTS

2 portions — 175 calories par portion

Ingrédients

6 coeurs d'artichauts
2 c. à table de piments
¼ c. à thé de marjolaine
1 c. à table de persil haché
1 c. à table de lait écrémé
2 oeufs battus (1 jaune)

Préparation

Couper les coeurs d'artichauts en petits morceaux, les mélanger avec les piments et les herbes. Ajouter le lait aux oeufs. Faire cuire les oeufs et ajouter les morceaux d'artichauts et les piments.

OMELETTE À L'ITALIENNE

2 portions — 250 calories par portion

Ingrédients

1 c. à table de margarine réduite en calories
2 c. à table de poivron vert
¼ tasse (60 ml) de zucchini tranché fin
2 c. à table d'oignon émincé
¼ tasse (60 ml) de carottes tranchées fin
½ tasse (125 ml) de fèves cuites (au goût)
¼ c. à table d'épices italiennes
2 oeufs (1 jaune)

Préparation

Faire revenir dans la margarine le poivron vert et le zucchini jusqu'à ce qu'ils soient tendres. Puis ajouter les autres légumes et saupoudrer d'herbes. Battre les oeufs avec 1 c. à table d'eau. Incorporer les légumes. Puis faire cuire l'omelette des deux côtés.

SOUFFLÉ À LA PAYSANNE

6 portions — 185 calories par portion

Ingrédients

1½ lb (750 g) de carottes
2 c. à table d'huile végétale
2 c. à table de farine non blanchie
1½ tasse (375 ml) de lait écrémé
1 pincée de poivre
1 pincée de muscade
3 jaunes d'oeufs
3 blancs d'oeufs battus en neige

Préparation

Préchauffer le four à 350° F (175° C).

Faire cuire à la vapeur les carottes coupées en rondelles. Une fois cuites, les passer à la moulinette. Faire une sauce blanche avec l'huile, la farine, le lait, le poivre et la muscade et ajouter les 3 jaunes d'oeufs. Mélanger bien aux carottes et ajouter les blancs d'oeufs battus en neige ferme (les blancs ne doivent pas retomber).

Mettre dans un plat à soufflé. Faire cuire 60 minutes.

Les salades

Les salades constituent des plats principaux ou d'accompagnement extrêmement sains. En effet, elles sont riches en vitamines, en sels minéraux et en enzymes.

Salade d'accompagnement

Il est recommandé de manger des salades simples composées de légumes verts et crus à chaque repas de viande afin de neutraliser les toxines de la viande.

Salade repas

Ces salades peuvent varier à l'infini, selon votre imagination ou ce qui reste dans votre réfrigérateur. Elles sont nourrissantes et faciles à préparer. Si vous êtes au restaurant, quoi de mieux qu'une bonne salade! Vous serez rarement déçu et votre organisme ne s'en portera que mieux.

SALADE LIBANAISE (TABOULEH)

3 portions — 120 calories par portion

Ingrédients

¼ tasse (60 ml) de semoule de blé
2 c. à table de poivron vert émincé
½ tomate coupée en petits dés
1 c. à table de persil émincé
1 c. à table de jus de citron
1 c. à thé d'huile à salade
1 pincée de poivre

Préparation

Mettre la semoule dans une tasse. Ajouter de l'eau, recouvrir et laisser reposer jusqu'à ce que l'eau soit totalement absorbée.

Déposer la semoule dans un bol à salade en y ajoutant tous les ingrédients. Bien mélanger.

Pour rehausser la présentation, servir sur un lit de feuilles de laitue, ou choisir des grandes feuilles de laitue, mettre un peu de taboulech dans chacune et en faire des rouleaux individuels retenus par un cure-dents de couleur.

SALADE DE POMMES DE TERRE

4 portions — 145 calories par portion

Ingrédients

2 tasses (500 ml) de pommes de terre cuites coupées en dés
½ tasse (125 ml) de céleri coupé fin
1 c. à table d'oignon émincé
2 c. à table de persil frais
½ c. à table de vinaigre rouge
1 c. à table de moutarde sèche
½ c. à thé d'épices de céleri
¼ c. à thé de poivre
½ c. à table de jus de citron
¼ tasse (60 ml) de mayonnaise réduite en calories

Préparation

Mélanger tous les ingrédients à l'exception de la mayonnaise. Mettre la préparation à refroidir.

De 30 à 60 minutes avant de servir, ajouter la mayonnaise. Mettre de nouveau la salade au réfrigérateur. Garnir avec du persil frais.

SALADE SUKIYAKI

10 portions — 170 calories par portion, sans vinaigrette

Ingrédients

½ tasse (125 ml) d'épinards frais
½ tasse (125 ml) de laitue (Boston)
½ tasse (125 ml) de choux de Bruxelles cuits
½ tasse (125 ml) de céleri coupé fin
½ tasse (125 ml) d'amandes finement coupées
½ tasse (125 ml) de champignons finement tranchés
½ tasse (125 ml) de piments verts
½ tasse (125 ml) de cresson

Préparation

Mélanger tous les ingrédients. Ajouter de l'ail et 2 c. à table de sauce soya à la vinaigrette.

SALADE DE CAROTTES OU DE CHOU ET DE RAISINS, AVEC POMMES

6 portions — 130 calories par portion

Ingrédients

½ tasse (125 ml) de raisins secs
2 tasses (500 ml) de carottes râpées
¼ tasse (60 ml) de mayonnaise réduite en calories
¼ tasse (60 ml) de yogourt maigre
2 c. à table de jus de citron

Préparation

Mélanger les raisins aux carottes. D'autre part, mélanger la mayonnaise, le yogourt et le jus de citron.

Verser ce mélange sur la préparation de carottes.

Servir avec des morceaux de pommes. On peut remplacer les carottes par du chou.

SALADE MIXTE AVEC FROMAGE

4 portions — 125 calories par portion

Ingrédients

3 morceaux moyens de chou-fleur
¼ tasse (60 ml) de haricots verts (déjà cuits)
1 oz (30 g) de fromage (feta, Edam, etc.) en morceaux
1 tomate en morceaux

Préparation

Mélanger tous les ingrédients.

SALADE DE CHOUX-FLEURS

4 portions — 125 calories par portion, sans vinaigrette

Ingrédients

1 tasse (250 ml) de carottes en dés
1 tasse (250 ml) de choux-fleurs en morceaux
de ½ po (1,25 cm)
¼ tasse (60 ml) de pacanes en morceaux
1 tasse (250 ml) d'épinards

Préparation

Mélanger tous les ingrédients. Servir froid avec une vinaigrette à l'orange.

SALADE CRESSONNIÈRE

4 portions — 185 calories par portion

Ingrédients

½ lb (250 g) de pommes de terre
1 botte de cresson
1 tomate
2 oeufs cuits durs
1 c. à table de persil frais

Préparation

Cuire les pommes de terre en robe. Éplucher. Nettoyer les feuilles de cresson. Couper les pommes de terre cuites et mélanger avec les feuilles de cresson. Ajouter la tomate, les oeufs et le persil.

SALADE DE FROMAGE COTTAGE
ET DE CRABE

6 portions — 52 calories par portion

Ingrédients

½ tasse (125 ml) de fromage cottage maigre
1 boîte de crabe, de homard, de saumon ou de thon
   (7 oz — 200 g) ou, mieux, les restes de poisson frais
½ poivron vert en petits morceaux
¼ tasse (60 ml) de céleri en dés
1 c. à table de jus de citron
1 pincée de poivre

Préparation

Mélanger tous les ingrédients.

SALADE MIXTE À LA DINDE

1 portion — 210 calories

Ingrédients

5 belles feuilles de laitue Boston
½ tasse (125 ml) de viande blanche de dinde, de poulet ou de veau en dés
4 gros champignons coupés
½ tasse (125 ml) de haricots verts cuits
4 petites tomates coupées en deux
5 tranches de concombre
1 c. à table de jus de légumes
1 c. à table de jus de citron
1 c. à table d'huile végétale
1 pincée de poivre
Fines herbes italiennes

Préparation

Déposer les feuilles de laitue au fond du saladier. Mettre la viande blanche au centre. Entourer avec les légumes.

Mélanger le jus de légumes, le jus de citron, l'huile et le poivre.

Verser cette vinaigrette sur la salade.

SALADE DE POULET AUX FRUITS

6 portions — 200 calories par portion

Ingrédients

2 tasses (500 ml) de viande blanche en dés
2 pommes coupées en dés
1 tasse (250 ml) de morceaux d'ananas
3 c. à table de mayonnaise réduite en calories
¼ tasse (60 ml) d'amandes émincées
Fines herbes ou cari

Préparation

Mélanger tous les ingrédients.

Les vinaigrettes

VINAIGRETTE
AUX TOMATES ÉPICÉES

1 c. à table = 10 calories

Ingrédients

1 c. à table de jus de tomate
1 c. à table de sauce Worcestershire
1 c. à thé de jus de citron
1 pincée de poivre
Fines herbes italiennes

Préparation

Mélanger tous les ingrédients.

VINAIGRETTE AU YOGOURT

1 c. à table = 10 calories

Ingrédients

1 c. à table de yogourt maigre
1 c. à thé de jus de citron
½ c. à thé de menthe fraîche ou de thym frais ou de ciboulette fraîche ou d'échalotes fraîches selon les goûts ou la saison
1 pincée de poivre

Préparation

Mélanger tous les ingrédients.

Note

Le yogourt est utilisé dans quelques recettes de ce livre. Il est facile à digérer et aide la digestion des autres aliments.

En consommant régulièrement du yogourt, vous vous assurez une bonne digestion et vous prévenez plusieurs troubles intestinaux car il refait la flore bactérienne, si importante dans l'assimilation des aliments.

Consommez-le nature, choisissez-le maigre (à base de lait écrémé), mangez-le avec des fruits ou des légumes. C'est un aliment sain et naturel.

VINAIGRETTE
AU FROMAGE COTTAGE

1 c. à table = 12 calories

Ingrédients

1 tasse (250 ml) de fromage cottage maigre
1 c. à table de lait écrémé
2 c. à table d'échalotes
⅛ c. à thé d'aneth
1 pincée de poivre

Préparation

Fouetter le fromage cottage et le lait jusqu'à consistance crémeuse. Ajouter les autres ingrédients. Servir bien froid.

VINAIGRETTE À L'ESTRAGON

1 c. à table = 45 calories

Ingrédients

1 oeuf
1 c. à table de persil coupé finement
4 échalotes tranchées finement
2 c. à table d'estragon
¼ tasse (60 ml) d'huile

Préparation

Mettre dans un mélangeur tous les ingrédients, sauf l'huile. Mélanger jusqu'à l'obtention d'une consistance liquide.

Graduellement, ajouter l'huile. La vinaigrette épaissira.

SAUCE AU YOGOURT ET AU CARI AVEC CONCOMBRE

1 c. à table = 15 calories

Ingrédients

1 concombre tranché en fines lamelles
8 oz (225 ml) de yogourt maigre
1 gousse d'ail hachée très fincment
½ c. à table de cari
1 pincée de poivre

Préparation

Bien mélanger tous les ingrédients.

SAUCE AU YOGOURT
ET AUX TOMATES

1 c. à table = 18 calories

Ingrédients

1 tasse (250 ml) de yogourt maigre
3 c. à table de mayonnaise réduite en calories
1 c. à table de ketchup
1 pincée de poivre

Préparation

Bien mélanger tous les ingrédients.

Dans cette sauce et celle qui suit on peut «tremper» des crudités en guise de hors-d'oeuvre ou d'amuse-gueule.

SAUCE AU FROMAGE COTTAGE CITRONNÉE

1 c. à table = 20 calories

Ingrédients

1 tasse (250 ml) de fromage cottage maigre
2 c. à table de jus de citron
¼ tasse (60 ml) de lait écrémé
1 bouquet de persil frais

Préparation

Mélanger le tout dans le mélangeur. Décorer avec le bouquet de persil.

N.B. Vous pouvez remplacer le citron par l'orange.

Les desserts

En général, les gens mangent beaucoup trop de desserts. Pour vivre longtemps et en santé, il faut éviter les desserts contenant des féculents, des farineux et des sucres, car ces denrées fermentent dans l'estomac et l'intestin, et occasionnent une foule de maladies.

Fruits frais

Mère Nature fait d'excellents desserts, ne l'oubliez pas. Dans la première partie de ce livre, vous trouverez la liste des fruits avec leurs propriétés curatives. Nous vous présentons, dans cette section, 10 recettes de desserts hypocaloriques et faciles à préparer.

Fruits séchés

Les fruits séchés constituent d'excellents desserts ou de bonnes collations lorsqu'on veut un peu se sucrer le bec!

Voici une liste de petites douceurs qui ne contiennent que 40 calories chacune

- ¼ tasse (60 ml) de pommes séchées
- 1 figue
- 2 dattes
- 1 c. à table d'ananas séché
- 2 c. à table de raisins secs
- 2 pêches séchées de grosseur moyenne
- 2 pruneaux

Noix

Les noix sont une excellente source de protéines. Elles contiennent beaucoup de calories mais elles ont l'avantage d'être dépourvues de cholestérol.

Une once de chacune de ces noix contient 200 calories

- Amandes
- Noix du Brésil
- Cachous
- Pistaches
- Pacanes

FRAMBOISES AVEC AMANDES ET YOGOURT

1 portion = 100 calories

Ingrédients

1 c. à thé de miel ou de sucre brun
1 tasse (250 ml) de framboises tranchées
1 c. à thé d'amandes tranchées
1 c. à table de yogourt maigre

Préparation

Incorporer le miel ou le sucre aux framboises.

Refroidir de 15 à 20 minutes. Ajouter les amandes au yogourt. Mettre le yogourt sur les framboises.

* Vous pouvez remplacer les framboises par le fruit de votre choix.

POMMES CUITES À L'ORANGE

1 portion = 100 calories

Ingrédients

1 pomme moyenne
1 c. à thé de miel
1 clou de girofle
Quelques quartiers d'orange

Préparation

Préchauffer le four à 350° F (175° C).

Enlever le coeur de la pomme ainsi que tous les pépins. Dans cette pomme trouée, mettre le miel et le clou de girofle. Déposer les quartiers d'orange autour.

Faire chauffer durant 30 minutes. Servir chaud ou froid.

Variation I: Remplir la pomme avec 1 c. à table de raisins secs et 1 c. à thé de noix concassées. Omettre le miel. (100 calories)

Variation II: Remplir la pomme avec 1 abricot sec, 1 pruneau sec et 1 datte. Omettre le miel. (155 calories)

SORBET AU CITRON

16 portions — 58 calories par portion

Ingrédients

1 enveloppe de gélatine
1 tasse (250 ml) de sucre à fruits
1½ tasse (375 ml) d'eau
6 blancs d'oeufs
¾ tasse (175 ml) de jus de citron frais
1 c. à table de pelure de citron hachée finement

Préparation

Dans une casserole, mélanger la gélatine et ½ tasse (125 ml) de sucre. Incorporer l'eau. Laisser reposer 1 minute. Amener le tout à ébullition, en prenant soin de bien mélanger jusqu'à ce que la gélatine soit bien dissoute. Mettre de côté.

Battre les blancs d'oeufs en neige jusqu'à ce que se forment des pics. Graduellement, ajouter le sucre. Battre jusqu'à ce que cela soit consistant. Continuer de battre et ajouter le mélange chaud à la base de gélatine. Incorporer le jus de citron et les morceaux de pelure.

Verser dans un bol de métal et congeler jusqu'à l'obtention d'une consistance de neige. Remuer de temps en temps.

Transférer votre mélange froid dans un *bol froid*. Battre jusqu'à ce que cela soit gonflé et lisse.

Mettre dans des coupes individuelles, recouvrir et congeler jusqu'à ce que cela soit ferme. Sortir quelques minutes avant de servir. Garnir de tranches de citron.

N.B. Vous pouvez remplacer le citron par d'autres fruits.

FONDANT AU CHOCOLAT

16 portions — 115 calories par portion

Ingrédients

2 c. à table de cacao
¾ tasse (175 ml) de sucre brun
⅓ tasse (80 ml) de margarine réduite en calories
1 oeuf (gros) légèrement battu
½ tasse (125 ml) de farine tout usage (non blanchie)
⅛ c. à thé de sel marin
½ tasse (125 ml) de noix concassées
½ c. à thé d'extrait de vanille

Préparation

Préchauffer le four à 325°F (160° C).

Dans un bol à mélanger, mettre ensemble le cacao et le sucre brun. Puis incorporer la margarine et l'oeuf. Battre avec une cuillère de bois jusqu'à ce que le tout soit vraiment bien mélangé.

Mettre ensemble la farine et le sel. Puis incorporer cette préparation au mélange en y ajoutant graduellement les noix concassées et la vanille.

Déposer ce mélange dans un contenant légèrement graissé (8'' × 8'' — 20 cm × 20 cm). Faire cuire durant 25 minutes.

Retirer du four. Laisser reposer 5 minutes. Couper en portions et laisser refroidir.

BISCUITS AUX RAISINS ET AU BLÉ ENTIER

3 douzaines = 70 calories chacun

Ingrédients

1 tasse (250 ml) de farine non blanchie
½ c. à thé de soda à pâte
1 c. à thé de sel marin
¼ c. à thé de cannelle
1½ tasse (375 ml) de blé non blanchi
2 blancs d'oeufs légèrement battus
1 tasse de sucre brun
⅓ tasse (80 ml) d'huile végétale
½ tasse (125 ml) de lait écrémé
1 c. à thé d'extrait de vanille
1 tasse (250 ml) de raisins secs sans pépins

Préparation

Préchauffer le four à 375°F (190° C).

Mélanger la farine, le soda à pâte, le sel et la cannelle. Puis incorporer le blé.

Dans un autre récipient, faire réchauffer les blancs d'oeufs, le sucre brun, l'huile, le lait, la vanille et les raisins.

Ramener le tout dans un seul bol à mélanger. Graisser la plaque à biscuits. Déposer par cuillerée et faire cuire de 12 à 15 minutes, selon qu'on les préfère tendres ou croustillants.

POUDING AU RIZ

6 portions — 90 calories par portion

Ingrédients

2 tasses (500 ml) de lait écrémé
¾ tasse (175 ml) de riz à long grain
3 c. à table de sucre
¼ c. à thé de sel marin
½ c. à thé de vanille
⅛ c. à thé de cannelle
¼ tasse (60 ml) de raisins secs

Préparation

Préchauffer le four à 325° F (160° C).

Mélanger tous les ingrédients. Faire cuire pendant 2 heures, jusqu'à ce que le riz soit cuit et que la texture de cette préparation s'apparente à celle d'un pouding.

Servir chaud ou froid. Si vous le servez froid, ajouter un peu de lait froid pour obtenir une consistance parfaite.

TARTE AU FROMAGE

10 portions — 205 calories par portion

Ingrédients

1 tasse (250 ml) de biscuits Graham en fins morceaux
2 c. à table de margarine réduite en calories
2 tasses (500 ml) de fromage cottage maigre
2 oeufs moyens
½ tasse (125 ml) de sucre
½ tasse (125 ml) de lait écrémé
¼ tasse (60 ml) de farine non blanchie
½ c. à thé de sel marin
¼ tasse (60 ml) de jus de citron
1 c. à table de pelure de citron hachée finement

Préparation

Préchauffer le four à 300° F (150° C).

Mélanger les biscuits à la margarine. Déposer les ¾ de cette préparation au fond d'une assiette à tarte de 9 po (23 cm) de diamètre. Garder ¼ de cette préparation pour garnir le dessus de la tarte.

Mettre le fromage cottage dans un bol et le battre jusqu'à ce que sa consistance soit crémeuse. Tout en continuant de battre, ajouter graduellement les oeufs, un à la fois, puis le sucre et le lait écrémé. Ajouter les ingrédients qui restent, jusqu'à ce que le tout soit onctueux. Verser la préparation de fromage dans l'assiette à tarte. Garnir avec le restant de la préparation de biscuits.

Faire cuire 1½ heure. Refroidir avant de servir. Mettre quelques morceaux de fruits (cerises, ananas, etc.) pour garnir.

TARTE AU CITRON

8 portions — 210 calories par portion

Ingrédients

1 pâte à tarte déjà cuite, froide
3 oz (85 g) de gélatine à saveur de citron
¾ tasse (175 ml) d'eau bouillante
1 c. à thé de pelure de citron finement hachée
½ tasse (125 ml) de sucre
½ tasse (125 ml) de lait évaporé
½ tasse (125 ml) d'eau froide
2 c. à table de jus de citron

Préparation

Dissoudre la gélatine dans l'eau bouillante. Ajouter la pelure de citron et ¼ de tasse (60 ml) de sucre. Bien mélanger. Refroidir jusqu'à ce que le mélange ait la texture d'un blanc d'oeuf non battu (environ 20 minutes).

Dans un bol à mélanger, mettre le lait évaporé et l'eau glacée. Battre de 3 à 4 minutes jusqu'à ce que le mélange forme des pics. Ajouter le jus de citron et continuer de battre. Ajouter ¼ (60 ml) de sucre graduellement et continuer de battre jusqu'à l'obtention de pics. Incorporer le mélange à base de gélatine.

Mettre dans la pâte froide. Refroidir jusqu'à ce que le tout soit ferme. Compter 3 heures.

BANANES FLAMBÉES

4 portions — 135 calories par portion

Ingrédients

1 c. à table de jus de citron
4 c. à table de sucre brun
1 oz (30 ml) de rhum
4 bananes moyennes

Préparation

Préchauffer le four à 400° F (200° C).

Répandre le jus de citron et le sucre sur les bananes et les placer dans une assiette à tarte légèrement graissée. Faire cuire 20 minutes. Flamber avec un peu de rhum.

GÂTEAU BLANC

16 portions — 190 calories par portion

Ingrédients

½ tasse (125 ml) de margarine réduite en calories
1 c. à thé d'extrait de vanille
1 c. à thé d'amandes
1½ tasse (375 ml) de sucre
2½ tasses (625 ml) de farine à gâteau
1½ c. à thé de poudre à pâte
½ c. à thé de sel marin
1⅓ tasse (330 ml) de lait de beurre
4 blancs d'oeufs à la température de la pièce

Préparation

Préchauffer le four à 350°F (175°C).

Mélanger la margarine, la vanille, les amandes et tout le sucre sauf ¼ de tasse (60 ml).

Mélanger la farine, la poudre à pâte et le sel marin. Mélanger graduellement la préparation crémeuse à la préparation sèche en les liant avec le lait de beurre.

Battre les blancs d'oeufs jusqu'à ce qu'ils soient gonflés. Progressivement, ajouter ¼ tasse (60 ml) de sucre et battre jusqu'à ce qu'à l'obtention de pics. Mélanger le tout.

Déposer le mélange dans un moule à gâteau graissé.

Faire cuire 30 minutes. Faire refroidir 10 minutes et retirer du moule.

Garnir avec des fruits frais, de la confiture ou un glaçage léger.

Voici maintenant une recette pour ceux qui veulent être bien dans leur assiette jusqu'à 101 ans et aborder ainsi avec sérénité le deuxième centenaire de leur existence...

LE PAIN CHAPATTI DES HUNZAS

Les quantités indiquées donnent une dizaine de portions. La préparation demande moins d'une heure.

Procurez-vous d'abord des grains fraîchement écrasés. Un mélange de 250 grammes de froment et de sarrasin donne d'excellents résultats, dans les proportions suivantes : un tiers de froment et deux tiers de sarrazin, soit 80 grammes de froment et 170 grammes de sarrasin.
Une demi-cuillerée à café de sel gris.
Une centaine de grammes d'eau.

Préparation

Mêler le sel à la farine.

Verser lentement l'eau en brassant pour obtenir un mélange uni, sans grumeaux.

Une fois l'eau versée, assouplir la pâte sur une surface farinée.

Lorsque la pâte ne colle plus aux doigts, l'envelopper dans un linge humide et la laisser reposer une demi-heure.

Ensuite, faire des boules d'environ 4 centimètres, puis les aplatir en galettes très minces.

Déposer sur un treillage fin, préalablement graissé légèrement. Cuire à feu doux et retourner à mi-cuisson.

Ce pain peut se consommer de différentes façons : avec du fromage, des confitures, du miel.

Le plus important, dans la préparation du chapatti, est de s'assurer qu'il est fait à partir de grains fraîchement écrasés, qui n'ont pas été privés de leur germe, c'est-à-dire qui n'ont pas subi, comme la farine raffinée, le procédé de blutage. Les boutiques spécialisées en offrent.

Tisanes médicinales

Pour guérir vous-même
les maladies qui vous font vieillir plus vite

Guérissez-vous vous-même!

Plusieurs affections peuvent être contrées efficacement par des plantes. La nature peut apporter un remède à presque tous vos maux. En effet, la phytothérapie, traitement des maladies par les plantes, retrouve aujourd'hui ses lettres de noblesse, si l'on en juge par l'engouement actuel et l'intérêt suscité par les nombreux ouvrages traitant des vertus des plantes et de leur utilisation. Mais il se trouve encore aujourd'hui plusieurs personnes qui assimilent les plantes aux «remèdes de bonne femme». Ces remèdes ne sont pourtant pas l'apanage des quelques «bonnes femmes» mais plutôt des médicaments bien connus et réputés depuis fort longtemps. Le mépris à l'égard de cette médecine douce n'est qu'un effet de la tendance humaine à rejeter ce qui semble trop simple et à la portée de tous.

> *«C'est là une disposition naturelle de l'esprit humain, toujours plus porté à estimer ce qu'il ne possède pas ou ce qui est rare et cher plutôt que ce qu'il possède et qui croît à ses pieds.»*
>
> Pline l'Ancien

Heureusement, la médecine officielle commence à se tourner vers les remèdes naturels, les médecins étant actuellement plus conscients des conséquences négatives de certains médicaments chimiques sur l'organisme tout entier. Les antibiotiques, découverte miracle du milieu du XXe siècle, en sont un bon exemple. Il demeure toutefois indispensable, en cas de maladie sérieuse, que vous consultiez votre médecin et que vous suiviez ses conseils, non de façon passive en vous en remettant entièrement à lui, mais de façon active en questionnant son diagnostic et ses ordonnances pour bien les comprendre et les faire vôtres. Cultivez votre mieux-être, par une alimentation saine et un régime de vie adéquat.

Dans les pages qui suivent, vous trouverez la liste des affections courantes et la liste des plantes qui peuvent les guérir. Vous pourrez ainsi vous *guérir vous-même* de certains troubles, malaises, affections et maladies, et devenir autonome et responsable.

N'oubliez pas que des affections non traitées à temps peuvent dégénérer en maladies sérieuses.

Nous vous fournissons, dans ce guide, des cures spécifiques pour chacun de vos maux, et nous vous recommandons également l'utilisation quotidienne d'autres plantes pour vous aider, lorsque votre cure sera terminée, à sauvegarder votre bien-être. La cure est de 15 jours consécutifs, ou alors sa durée sera spécifiée sous la rubrique «Utilisation».

La pharmacie du bon Dieu
guérit vos affections

- Acidité de l'estomac
- Aérophagie
- Anémie
- Angine

- Angoisse
- Artériosclérose
- Arthrite
- Battements déréglés du coeur et autres affections cardiaques
- Cellulite
- Constipation
- Dépression
- Foie fragile
- Gencives malades
- Gorge irritée
- Grippe
- Haleine fétide
- Hémorroïdes
- Insomnie
- Menstruations douloureuses
- Migraines
- Nervosité
- Peau malade
- Pellicules
- Rhumatismes
- Surmenage intellectuel
- Tension artérielle
- Transpiration excessive
- Troubles circulatoires
- Ulcères
- Voies respiratoires obstruées
- Yeux fatigués

Pour chacune des affections, nous vous proposons une cure spécifique et nous vous recommandons d'autres plantes à utiliser fréquemment. Mais voici d'abord quelques conseils pratiques pour la préparation, la conservation et la consommation de vos tisanes.

Conseils pratiques pour la préparation, la conservation et la consommation de vos tisanes

PRÉPARATION

Dans le cas des *plantes fraîches*, vous devez d'abord les hacher puis les déposer dans un pot de verre (pas de récipient métallique). Rappelez-vous que des plantes fraîches s'infusent rapidement (allouez ½ minute) avec de l'eau bouillante. Vous obtiendrez alors des tisanes très claires, de couleur jaune ou verte.

Dans le cas des *plantes séchées* (qui sont plus accessibles), vous devez accorder plus de temps à l'infusion : 1 ou 2 minutes.

Dans le cas des *racines*, faites-les macérer dans l'eau froide, puis faites-les bouillir très peu de temps, pour finalement les faire infuser pendant 3 minutes. Respectez ces temps d'infusion; les effets de votre tisane n'en seront que plus bénéfiques.

Dans tous les cas, utilisez *une eau pure et naturelle*. Évitez l'eau du robinet, cette eau trop souvent morte, chargée de chlore, de fluor, de calcaire, etc. Utilisez de l'eau de source disponible dans le commerce.

Procurez-vous un infusoir portatif pour déposer vos plantes séchées. Vous éviterez de salir inutilement vos contenants.

CONSERVATION

Versez votre tisane, à prendre au cours de la journée, dans un *thermos*. Elle se conservera bien et gardera toutes ses propriétés curatives. N'oubliez pas toutefois de bien nettoyer votre thermos préalablement avec de l'eau bouillante.

Conservez vos plantes séchées dans des bocaux de verre (non dans des sacs de plastique) bien propres, sans odeur et qui ferment hermétiquement. N'oubliez pas d'étiqueter chaque bocal.

CONSOMMATION

Évitez de sucrer vos tisanes. Mais si vous devez le faire, utilisez du miel, cet élément naturel et sain, si riche en vertus médicinales.

Ajoutez du jus de citron à votre tisane et atténuez ainsi une saveur désagréable.

Consommez votre tisane bien chauude et à petites gorgées. Faites une pause, prenez-la lentement.

Suivez le mode d'emploi recommandé pour obtenir des résultats satisfaisants. Une cure doit durer 15 jours, à moins qu'une autre durée ne soit spécifiée sous la rubrique « Utilisation ».

Faites plusieurs autres usages des plantes recommandées. Introduisez-les dans votre vie quotidienne.

Ajoutez certaines herbes à vos plantes; les feuilles de certaines plantes mentionnées sont aromatisantes et rehaussent la saveur des aliments. Procurez-vous-les en huile essentielle et servez-vous-en dans votre bain et dans votre humidificateur, pour agrémenter vos massages et vos inhalations.

Votre herboristerie maison

Constituez-vous une herboristerie familiale. Vous pouvez conserver les herbes séchées dans des pots de verre bien étiquetés ou en cultiver certaines à la maison. Choisissez, parmi la liste de plantes ci-dessous, celles qui vous conviennent, et prenez-les quotidiennement en tisanes. Rappelez-vous que, pour vous maintenir en bonne santé, vous devez consommer 1 litre d'eau par jour. Voici donc une manière astucieuse de le prendre.

Liste de 28 plantes
bonnes contre tous les maux

1 Angélique	15 Marrube
2 Anis vert	16 Maté
3 Aubépine	17 Menthe
4 Bruyère	18 Mustille
5 Camomille	19 Noyer
6 Cassis	20 Oranger
7 Coquelicot	21 Peuplier
8 Eucalyptus	22 Pissenlit
9 Fumeterre	23 Prêle
10 Genêt	24 Romarin
11 Gui	25 Sauge
12 Lavande	26 Thym
13 Lierre terrestre	27 Tilleul
14 Marjolaine	28 Valériane

Prises après ou entre les repas, ces tisanes vous aideront à conserver votre vitalité, augmenteront votre longévité et seront efficaces pour diminuer, voire supprimer votre consommation de café et de thé. Au restaurant, demandez-les, et essayez de convaincre le propriétaire de les suggérer à ses clients et d'élargir ainsi sa liste de tisanes disponibles.

Votre guide minute de tisanes médicinales

ACIDITÉ DE L'ESTOMAC

L'hypo et l'hyperacidité de l'estomac sont régularisées par une cure de *racine de roseau*.

Préparation La tisane de racine de roseau ne se prépare qu'à froid. Faites macérer une c. à thé toute une nuit dans 1 tasse (250 ml) d'eau froide. Le matin, passez-la au tamis. Réchauffez votre tisane au bain-marie avant de la boire.

Utilisation   6 gorgées par jour (minimum).

Autres plantes recommandées : camomille, verveine, coriandre, estragon, romarin, gentiane, sauge.

AÉROPHAGIE

L'aérophagie, la flatulence, les gaz sont bien contrés par une cure d'*achillée mille-feuille*.

Préparation Faites infuser brièvement 1 c. à thé bien comble dans 1 tasse (250 ml) d'eau bouillante.

Utilisation   Aussi souvent que possible dans la journée.

Autres plantes recommandées : anis vert, camomille, estragon, gentiane, romarin, sarriette, sauge, verveine.

ANÉMIE ET FAIBLESSE GÉNÉRALE

En cas de faiblesse générale, faite une cure d'*Elixir suédois*, d'après une recette originale de Maria Treben (Autriche). Soulignons que vous pouvez aussi vous la procurer toute faite chez votre naturiste, sous le nom «Herbes du Suédois». Cet élixir véritable vous redonnera vitalité et dynamisme. Il nettoie le sang et active la circulation. Ayez-en toujours dans votre pharmacie. Il soigne plusieurs maux.

Préparation 10 g de poudre d'aloès
            5 g dc myrrhe
            0,2 g de safran
            10 g de feuille de séné
            10 g de camphre naturel
            10 g de racine Zédoaire, d'origine chinoise
            10 g de manna
            10 g de thériaque vénitienne
            5 g de racine de carlinal
            10 g de racine d'angélique

Bien mettre les ingrédients ci-contre dans une bouteille de 2 litres à large col. Assurez-vous qu'elle ferme bien.

Ajoutez à votre préparation 1,5 litre (6 tasses) d'alcool à 38° ou 40° ou de bon alcool de fruits et laissez macérer 15 jours au soleil ou près d'une source de chaleur (calorifère 20° C). Agitez le flacon tous les jours. Puis, les 15 jours passés, on peut commencer à transférer de la liqueur dans un flacon hermétique. Gardez-la au réfrigérateur. Plus la liqueur est vieille, meilleure elle est. Ce merveilleux élixir peut se garder indéfiniment.

Utilisation   Prenez 3 c. à thé de liqueur diluée dans 1 verre d'eau, matin et soir.

N.B.   Vous pouvez consommer cet élixir même si l'alcool vous est interdit car les effets des plantes dépassent largement les effets de l'alcool qui les dissout.

Autres plantes recommandées : basilic, estragon, thym, romarin, lavande, marjolaine.

ANGINE

L'angine, la dilatation des poumons, les inflammations de la bouche et de la gorge, les aphtes, l'haleine fétide peuvent être radicalement contrés par l'*aigremoine*.

Préparation Faites infuser 1 c. à thé dans 1 tasse (250 ml) d'eau bouillante. L'infusion doit être brève.

Utilisation   2 ou 3 tasses des tisane par jour.

Autres plantes recommandées : sauge, véronique, lavande, bleuet, saponaire, prêle.

ANGOISSE

L'angoisse, aujourd'hui mal fréquent, peut être supprimé par l'*ortie blanche*.

Préparation Faites infuser brièvement 1 c. à thé comble dans 1 tasse (250 ml) d'eau bouillante.

Utilisation   2 tasses par jour.

Autres plantes recommandées : oranger, passiflore, valériane.

ARTÉRIOSCLÉROSE

L'artériosclérose, les troubles circulatoires, les problèmes liés à l'hypertension ou à l'hypotension peuvent être contrés par le *gui*.

Préparation   Faites infuser brièvement 1 c. à thé comble dans 1 tasse (250 ml) d'eau bouillante.

Utilisation   *Une cure annuelle de 6 semaines* à raison de 3 tasses (750 ml) par jour durant 3 semaines, puis 2 tasses (500 ml) par jour durant 2 semaines, enfin 1 tasse (250 ml) par jour durant 1 semaine.

1 tasse chaque matin tous les autres jours de l'année.

Autres plantes recommandées : aubépine, cassis, manna, prêle, frêne, génévrier, maté, pissenlit, romarin, thym.

ARTHRITE

Les douleurs arthritiques sont largement atténuées par l'*huile de camomille*.

Préparation   Remplissez un petit flacon de fleurs de camomille. Couvrez avec de l'huile d'olive vierge. Laissez le flacon hermétiquement fermé au soleil durant 15 jours. Conservez-le au réfrigérateur et réchauffez-le avant de l'utiliser.

Cure
spéciale
et efficace   *2 tisanes combinées :* une demi-heure avant le petit déjeuner et une demi-heure avant le dîner, buvez une *tisane de prêle,* préparée selon les normes habituelles. Au cours de la journée, buvez 4 tasses de tisane d'*ortie*, préparée comme à l'habitude.

BATTEMENTS DÉRÉGLÉS DU COEUR ET AUTRES AFFECTIONS CARDIAQUES

Tous les malaises et toutes les affections cardiaques peuvent être évitées grâce au «*vin des cardiaques*».

Préparation Mettez 10 tiges de persil frais, avec les feuilles, à tremper dans 1 litre de vin naturel. Ajoutez 1 ou 2 c. à table de vinaigre de vin naturel. Faites cuire à feu doux pendant 10 minutes. Ensuite, ajoutez 300 g de miel et faites cuire 4 minutes. Versez le vin très chaud dans des bouteilles rincées avec de l'alcool à 90°. Fermez hermétiquement et conservez à l'obscurité. Agitez bien avant de boire.

Utilisation De 3 à 5 c. à thé par jour, toute l'année s'il le faut.

Une cure d'*achillée mille-feuille* est également efficace.

Préparation Habituelle. Ajoutez 1 c. à thé bien rempli à 1 tasse (250 ml) d'eau bouillante. Laissez infuser brièvement.

Utilisation 1 tasse par jour.

Autres plantes recommandées: aubépine, genêt, romarin, sauge, tilleul.

CELLULITE

Pour éviter et contrer la cellulite, faites une consommation régulière de tisanes de plantes diurétiques, telles que le *romarin*, la *sauge*, le *lierre*, la *reine-des-prés*, la *liqueur de cerises*.

Préparation Habituelle.

Utilisation 2 ou 3 tasses chaque jour.

CONSTIPATION

La constipation est enrayée par une cure de tisane de *feuilles de noyer*.

Préparation   Ébouillantez 1 c. à thé dans 1 tasse (250 ml) d'eau. Faites infuser brièvement.

Utilisation   1 tasse par jour.

Autres plantes recommandées : bourdaine, guimauve, lin, pissenlit.

Autres conseils : Prenez 3 c. à table de *graines de lin* avec un peu de liquide au début de chaque repas.

Consommez des *prunes* et des *figues* sèches, que vous aurez mises à tremper dans l'eau froide toute la nuit, avant votre petit déjeuner.

Buvez, le matin à jeûn, 1 tasse de tisane de fleurs de *chicorée*.

DÉPRESSION

Pour annuler tous les symptômes de la dépression, faites une cure de *prêle des champs* ou de *thym,* à votre goût; les deux sont très efficaces.

Préparation   Habituelle.

Utilisation   Dans chaque cas, 2 ou 3 tasses par jour.

Autres plantes recommandées : mélisse, oranger, passiflore, valériane, verge d'or.

FOIE FRAGILE

Pour vous débarrasser de vos problèmes de foie, faites une cure d'*aigremoine* intégrée dans une tisane composée.

Préparation   100 g d'aigremoine
100 g de gaillet
100 g d'aspérule

Utilisation   Buvez 1 tasse le matin à jeûn et 2 tasses en petites gorgées que vous consommerez tout au cours
de la journée.

Autres plantes recommandées : voldo, chêne, chicorée, gentiane, romarin, thym, tilleul, véronique.

GENCIVES MALADES

Pour contrer le saignement des gencives, les dents bran-
lantes et les ulcérations, ayez recours à la tisane de *sauge des
prés*.

Préparation Habituelle.

Utilisation   Gargarisez-vous avec votre tisane de sauge, ou
appliquez, sur les parties à guérir, des tampons
d'ouate imbibés de tisane.

Autre plante recommandée : noyer.

GORGE IRRITÉE

Pour retrouver la santé de votre gorge, faites une cure de
véronique.

Préparation Habituelle.

Utilisation   4 ou 5 tasses par jour.

De plus, ayez recours à l'*élixir suédois*; il calmera
l'inflammation de votre gorge. 3 c. à thé, matin,
midi et soir. (Voir «Anémie et faiblesse
générale».)

Autres plantes recommandées : aigremoine, lavande, noyer,
romarin, saponaire, sauge, verveine.

GRIPPE

Pour prévenir ou contrer la grippe, l'*élixir suédois* fait des
merveilles. (Voir «Anémie et faiblesse générale».)

Autres plantes recommandées : bourrache, eucalyptus,
lavande, romarin, thym.

HALEINE FÉTIDE (voir «Angine»)

Mastiquez des graines d'*aneth doux*; cela supprimera une haleine désagréable.

Autre plantes recommandées: menthe, sauge.

HÉMORROÏDES

Pour enrayer les hémorroïdes, employez une décoction de *prêle des champs*.

Préparation   Lavez soigneusement les plantes fraîches et les écraser sur une planche jusqu'à ce qu'elles soient en purée.

Utilisation   Appliquez sur vos hémorroïdes.

Autres plantes recommandées: achillée, mille-feuille, chêne, prêle (boire en tisane).

INSOMNIE

Pour enrayer l'insomnie, faites une cure de tisane spéciale, le *cocktail somnifère*.

Préparation   50 g de primevère
25 g de fleurs de lavande
10 g de millepertuis
15 g de fruits de houblon
 5 g de racine de valériane

Mélangez 1 c. à thé comble de ce mélange à base de plantes sèches dans 1 tasse (250 ml) d'eau bouillante. Laissez infuser 3 minutes.

Utilisation   4 tasses par jour, le matin, l'après-midi, le soir et au coucher. Sucrez cette dernière avec du miel.

Autres plantes recommandées: oranger, passiflore, tilleul, coquelicot.

MENSTRUATIONS DOULOUREUSES ET MALADIES FÉMININES

(pertes blanches, descentes de matrice, irrégularité des cycles menstruels, malaises dus à la ménopause, etc.)

Pour contrer toutes ces affections féminines, faites une cure d'*achillée mille-feuille*.

Préparation Habituelle.

Utilisation   2 ou 3 tasses par jour.

Autres plantes recommandées : camomille, sauge, absinthe.

MIGRAINES

Pour vous débarrasser de vos migraines, faites une cure de *primevère* ou de *coucou*.

Préparation Habituelle.

Utilisation   2 tasses par jour.

Autres plantes recommandées : angélique, lavande, menthe, noyer, oranger, tilleul, violette.

NERVOSITÉ

Adieu à la nervosité, grâce à un traitement de cures de *thym* sur une base régulière.

Préparation Habituelle.

Utilisation   3 tasses par jour, en cure de 3 semaines, avec interruption de 10 jours, et ce, tout au long de votre vie !

Autres plantes recommandées : sauge, véronique, mélisse, coriandre, camomille, pomme, oranger, sarriette.

PEAU MALADE

Le *gaillet* guérit plusieurs affections de la peau. Il faut cependant en faire un usage externe.

Préparation Habituelle.

Utilisation Avec un tampon d'ouate, épongez les zones affectées. En lotion chaude, elle retend la peau des visages ridés.

Autres plantes recommandées : bardane, chiendent, genévrier, lavande, menthe, persil, romarin, sauge, thym.

PELLICULES

Pour vous débarrasser de votre problème de pellicules, ayez recours à une cure de *prêle des champs*.

Préparation Habituelle.

Utilisation Lavez-vous la tête tous les jours avec cette infusion de prêle et massez-vous le cuir chevelu avec de l'huile d'olive vierge (en très petite quantité, évidemment !).

RHUMATISMES

Pour guérir vos rhumatismes, la *liqueur d'ail des bois* fait des merveilles.

Préparation Remplissez une bouteille d'un litre de feuilles fraîches ou de bulbes finement hachés. Remplissez d'alcool à 38° ou 40°, fermez hermétiquement et laissez macérer au soleil durant 21 jours.

Utilisation Prenez 4 fois par jour 10 à 15 gouttes dans de l'eau.

Autres plantes recommandées : aigremoine, bruyère, camomille, estragon, frêne, romarin, tilleul.

SURMENAGE INTELLECTUEL

Le surmenage intellectuel peut être contré radicalement par une cure de tisane de *véronique*.

Préparation Habituelle.

Utilisation   3 tasses chaque jour, dont 1 à prendre au
               coucher.

Autres plantes recommandées : aspérule, romarin, sauge,
thym, rose.

TENSION ARTÉRIELLE

Pour contrôler votre tension artérielle, faites une cure de
lycopode.

Préparation Habituelle.

Utilisation   1 tasse chaque jour, à jeûn.

Autres plantes recommandées : gui, romarin, ail des bois.

TRANSPIRATION EXCESSIVE

Pour régulariser votre transpiration, faites une cure de *prêle
des champs*.

Préparation Habituelle.

Utilisation   1 tasse par jour.

Autres plantes recommandées : bourrache, lavande, romarin, sauge.

TROUBLES CIRCULATOIRES

Pour contrer efficacement vos problèmes circulatoires, faites
une cure de *gui*.

Préparation La tisane se prépare à froid. Mettez 1 c. à thé
             dans 1 litre de lait, laissez macérer toute la nuit.
             Tiédir le matin et la passer au tamis.

Utilisation   1 tasse par jour, chaque jour de l'année si
               possible.

Autres plantes recommandées : achillée mille-feuille, orge,
persil, thym, tilleul.

ULCÈRES

Pour enrayer vos ulcères, tant à l'estomac qu'à l'intestin, ayez recours à une cure de *mauve*.

Préparation La préparation se fait à froid. Remplissez 1 c. à thé comble dans 1 tasse (250 ml) d'eau. Faites macérer toute la nuit. Le matin, faites réchauffer légèrement.

Utilisation 2 tasses chaque jour.

Autres plantes recommandées : bardane, chêne, gui, lavande, menthe, noyer, sarriette, véronique.

VOIES RESPIRATOIRES OBSTRUÉES

Pour libérer les voies respiratoires, faites une cure de tisane de *camomille*.

Préparation Habituelle.

Utilisation 2 tasses par jour.

Vous pouvez vous faire un sauna facial maison, 3 jours de suite. Remplissez votre évier d'eau très chaude. Ajoutez-y de *l'eucalyptus*, couvrez-vous la tête d'une serviette et respirez profondément cette vapeur mentholée.

Autres plantes recommandées : pin, romarin, sauge, thym, violette.

YEUX FATIGUÉS

Pour retrouver des yeux «frais et dispos», faites une cure d'*achillée mille-feuille*.

Préparation Habituelle.

Utilisation 2 tasses par jour, au besoin.

Autres plantes recommandées : bleuet, lis, sureau, rose.

La nature a toujours raison. Et, comme le proclame un

vieux dicton populaire russe : « Quiconque connaît la nature ne devrait jamais être malade. »

Toutes ces tisanes mettent donc la santé à votre portée. À vous d'en bénéficier !

Les petits extras !

VIN FORTIFIANT DIGESTIF DIURÉTIQUE

À prendre en apéritif.

Mettez 60 g de feuilles séchées de *romarin* à macérer dans 1 litre de vin blanc pendant 10 jours.

VIN SÉDATIF DIURÉTIQUE

À prendre en apéritif.

Mettez 30 à 50 g de fleurs de *reine-des-prés* à macérer dans 1 litre de vin blanc pendant 8 jours. Filtrez et édulcorez avec du miel.

PLANTES APHRODISIAQUES

À prendre en tisane et à consommer régulièrement : coriandre, menthe, ortie, sarriette et thym.

Et pour conclure :

LA TISANE DU CENTENAIRE

Cette tisane est réputée pour combattre efficacement la vieillesse. Elle est également diurétique et stimulante.

Préparation Mettez, dans 1 litre d'eau :
$$10 \text{ g de feuilles de frêne}$$
$$10 \text{ g de feuilles de cassis}$$

10 g de feuilles de menthe
10 g de feuilles de prêle des champs.

Utilisez cette tisane comme boisson courante ou prenez-en 2 tasses par jour régulièrement, le matin à jeûn et le soir après dîner.

Les dix commandements de la santé

En terminant cet ouvrage, je tiens à vous rappeler ces paroles du docteur C. Kousmine : « Les adultes ont perdu l'instinct. Il faut donc qu'ils le remplacent par des connaissances leur permettant de comprendre comment il faut se nourrir. Ces connaissances, ils ne peuvent aujourd'hui que très rarement les acquérir dans leurs familles. Ces notions ne sont pas enseignées dans les écoles et c'est cette lacune que nous cherchons à combler ici. »

C'est d'abord dans votre pensée que vous devez choisir de vous bien alimenter. Pour retrouver votre poids idéal, prolonger la jeunesse de votre corps et recouvrer votre santé, je vous propose une programmation mentale qui va vous permettre d'atteindre ce but. Pour cela, vous devez consacrer cinq minutes de votre temps tous les jours, afin que votre subsconscient puisse bien assimiler les données que je vous offre.

Détentez-vous et répétez les dix commandements de la bonne santé, en commençant toujours par cette phrase :

Mon alimentation influence ma vie : dorénavant, j'en prendrai soin pour perdre beaucoup de poids et gagner beaucoup de bien-être. Je lis attentivement les dix commandements de la santé et je deviens adepte de la bonne nutrition.

Les dix commandements de la santé

1. À partir d'aujourd'hui, je décide de vivre en santé et de me désintoxiquer en surveillant mon alimentation.

2. Je fais abstraction de mes habitudes alimentaires néfastes du passé. Ma vie commence ici et maintenant. Je suis une personne nouvelle à chaque instant.

3. Je refuse de prendre mon corps pour une poubelle. Je mange ce qui est nécessaire à ma santé et je sais quand m'arrêter.

4. Je perds tout désir pour les aliments dénaturés. Ils flattent mon palais mais empoisonnent mon corps.

5. Je choisis des aliments sains qui me procurent de l'énergie et repoussent les maladies.

6. Aujourd'hui, je réduis mon surplus de poids. Dès que mon estomac est rassasié, je mets un cadenas imaginaire sur ma bouche.

7. Quand j'ai faim, je pense à un enfant sous-alimenté quelque part dans le monde. Je lui offre de partager la nourriture que j'ai le goût de prendre.

8. Avant de m'apprêter à manger, je regarde pendant une minute la silhouette mince que je désire avoir et que j'ai au préalable dessinée et placée là où se trouve la nourriture.

9. Je réalise la nécessité de pratiquer chaque jour mes exercices physiques afin d'améliorer ma digestion, l'assimilation de mes aliments et leur élimination.

10. Je ferme les yeux et je médite. Je visualise l'apparence physique que je désire obtenir pour être bien dans ma peau. Je me sens responsable de ma propre personne. Je réalise que mon corps est mon bien le plus précieux. Je mets un sourire sur mes lèvres. Je fais jaillir le courage dans mon coeur, et je deviens conscient(e) de mon être et du rôle important que je joue dans l'univers.

Table des matières

NOTES

NOTES

NOTES

NOTES